反PUA指南

任康磊 著

人民邮电出版社

北京

图书在版编目（CIP）数据

反 PUA 指南 / 任康磊著. -- 北京：人民邮电出版社，
2025. -- ISBN 978-7-115-65083-2

Ⅰ. C913.1-49

中国国家版本馆 CIP 数据核字第 2024UK4563 号

内 容 提 要

本书解析了PUA的本质，拆解了PUA的典型套路并提供了应对方法，可以帮你全面预防和反制PUA，让你走出PUA的阴霾，拥有独立自主的人生。

本书共7章。第1章从整体讲解了PUA的本质。第2章总结概括应对PUA的通用方法。第3章到第7章分别介绍了职场领域、两性情感领域、家庭生活领域、校园领域和社交领域中可能遭遇PUA的常见情境、应对策略和典型话术，力求帮你理智判断，聪明反击，活出清醒人生。

本书适合深陷PUA困境或有可能被PUA的人阅读。

◆ 著　　　　任康磊
　责任编辑　郭　媛
　责任印制　周昇亮

◆ 人民邮电出版社出版发行　　北京市丰台区成寿寺路 11 号
　邮编　100164　电子邮件　315@ptpress.com.cn
　网址　https://www.ptpress.com.cn
　固安县铭成印刷有限公司印刷

◆ 开本：880×1230　1/32
　印张：7　　　　　　　　　2025 年 3 月第 1 版
　字数：175 千字　　　　　2025 年 4 月河北第 2 次印刷

定价：49.80 元

读者服务热线：(010)81055296　印装质量热线：(010)81055316
反盗版热线：(010)81055315

走出别人为你设计好的情绪，
掌控属于自己的生活

有些温柔，来自你的强大。

你曾经以为自己是一匹千里马，被伯乐赏识后可以在职场大展拳脚，却发现自己就像一个"背锅侠"，专门为同事"背黑锅"。

你每天要面带微笑地加班，除了堆积如山的日常工作，还要处理突如其来的紧急工作。就算你知道这些紧急工作是因为某人计划不周而造成的，也还是要去完成。

你上班时，一方面要应付工作，另一方面还要担心被替代、被优化、被辞退。你感到压力很大，每天如履薄冰，生怕自己因一点小失误就失去这份工作。

曾有人向你声情并茂地描绘努力工作后的美好蓝图，可升职加薪对你来说就像一根竹竿挂着吊在眼前的胡萝卜，看得见，却怎么跑都够不到。

不知从何时开始，你仿佛永远满足不了工作要求，永远达不到让上级满意的标准，无处不在的挑剔让你觉得自己真像别人说的——有很大提升空间。可别人却不告诉你具体如何努力，怎么提升。

你不需要背负任何人的情绪，善待自己就是善良。

你原本以为能够掌控自己的生活，然而，总有些让你不便拒绝的人设法插手你的选择，从穿什么衣服、吃什么饭，到和谁谈恋爱、结婚，再到如何育儿。

每当你试图表达自己的想法，试图活出自己，总有人站在道德制高点上，以情感为名，以"对你好"为理由来否定你。他们所谓的关心就像一张网，试图捕捉你的自由，让你难以呼吸。

你本以为能生活在岁月静好中，让心灵栖息在一方水土之间，让思绪流淌在星辰大海，却发现不知不觉中，你只能与日历为伴，与钟表交谈。

世界上有两种人不懂如何对不合理说"不"，一是内心善良的人，二是没有长大的人。

你曾经以为那些绚烂如烟花的誓言是那么璀璨热烈，然而正如烟花火光散尽，夜空归于寂静，留下的却只是一地尘埃，誓言也不复存在，留下的是一段受伤的回忆。

你曾经以为自己身处世外桃源，然而当镜花水月散去，蜃景消失，却发现自己其实站在一片荒芜之中。

你就像是夜幕下的孤鸿般悲凄，曾经渴望爱与被爱，曾经甘心牺牲自我，却不承想自己不过是被别人利用的工具。

那些言不由衷的甜言蜜语，如同过期的糖，一开始是甜甜蜜蜜，后来成了冷漠算计，最后只剩苦涩难耐、惨惨凄凄。

在感情较量中，你逐渐失去了自我，变得患得患失、小心翼翼，你开始怀疑自己，甚至开始怀疑人性。

爱情本不需要人垫脚，也不需要人弯腰。

你可能没有想到，自己已经遭遇或正在遭受 PUA。你也许觉得 PUA 离自己很远，是别人故事中才会出现的概念。

PUA，是 Pick-up Artist（搭讪艺术家）的英文首字母缩写，最初出现在恋爱咨询领域，是一种旨在提高异性间吸引力的技巧和方法。

如今，PUA 已经不是一种单纯的恋爱技巧，其应用范围更广，已经渗透到了各种人际互动的场景中，成了一种通过各种手段操控别人心理和情绪的策略，目的是让别人做出自己想看到的行为。

PUA 很常见，每天都可能发生在你我身边。当你的言谈、行为和决策是在满足别人的期望，并非出于你原本的想法，或实际上并不利于你，那你很可能是遇到了 PUA。

事与愿违时不必惊慌，没有一个亏是白吃的。

PUA 神不知鬼不觉地操控人的行为，破坏人的自主意识，让你在无意识的情况下，做出有悖于自身权益的决策。

你试图对那些巧言令色说不，但发现自己的声音微弱无力。你就像身处巨大的风暴面前，即使全力以赴，也难以逆流而上。

每个人都有权利被温柔以待。

走出别人为你设计好的情绪，掌控属于自己的生活。

很遗憾，这世界上会有一些人利用人性的弱点，试图控制你。

很幸运，这世界上有应对 PUA 的方法。

有了矛，就会有盾。为应对火灾，就有了灭火器；为应对害虫，就有了杀虫剂。哪里有危害，哪里就会有应对和抵御危害的方法。

你改变不了世界，改变不了那些想 PUA 你的人，你能改变的只有自己。PUA 阻挡不了你前进的脚步，能拦住你的只有自己。

你需要找到出路，学习辨别 PUA，学会应对 PUA，知道如何在各类场景下有效反制 PUA，活出真实的自我，活成自己喜欢的样子。

你的人生越被动，你越要学会坚强，你的坚强总会有一天反过来拥抱你。

了解了 PUA 的本质和运作方式，你就可以在任何形式的人际关系中保护自我意识，建立基于真诚和相互尊重的关系，既维护自己，也尊重对方的自主权。

这本书可以让你变得坚韧，学会保护自己，学会在失去中找回自己的独立人格，在伤害中寻求治愈。

勇敢的人懂得享受这个世界。你有权选择任何活法，这本书能帮助你保持自在，帮助你向着朝阳活出自己的璀璨。

当你再次起舞时，不再是为了那些华而不实的誓言，不再是为了那些讽刺威胁的道德绑架，而是为了你自己，以及为了那些愿意与你并肩同行的真心人。

过去的泪水，终将成为幸福的养料。

最后，我要特别澄清一下关于这本书可能出现的误读。

我希望通过这本书帮助那些被 PUA 却不自知的人，帮助那些处在 PUA 中却无法自拔的人。我期望这本书可以起到帮助人们预警、发现和应对 PUA 的作用。

恨你的人会对你甜言蜜语，爱你的人也会对你甜言蜜语；恨你的人会骂你，爱你的人也会骂你。

我特别不希望你看完这本书后，变得精神紧绷、草木皆兵，把善意的关怀、常规的期望和正常的要求全部看成 PUA。

我特别不希望这本书让你觉得这个世界对你充满恶意，好像身边人都想利用或控制你，甚至仿佛周围都是蓄谋已久要害你的人。

你可以学会防备，但也要尝试打开心扉，尝试感受真诚的关怀与温暖。

虽然冷漠与欺骗存在，但你依然要坚信人间自有真情在。

目　录

第1章　理解 PUA 的本质

第2章　应对 PUA

第 3 章　反职场 PUA

第4章 反情感 PUA

第5章 反家庭 PUA

第6章 反校园 PUA

第7章 反社交 PUA

理解PUA的本质

PUA，是 Pick-up Artist 的英文首字母缩写，原指恋爱技巧，现指通过各种手段操控他人心理和情绪的策略，目的是让他人做出自己想看到的行为。PUA 的成功依赖于实施者对人性的洞察和对心理的把握，尤其是对人的情感需求、安全感寻求、社会认同、恐惧和欲望等方面的利用。这些行为往往主要对实施 PUA 的人（操控者）有利，并不利于受影响者，或并不是受影响者主观或客观上的最佳选择。

1.1 单方榨取：PUA 不是说服技巧

很多人觉得，PUA 不就是一种说服技巧吗？

本来我的想法是 A，我想做 B，被 PUA 之后，我的想法变成了 C，我去做了 D。

这不是跟说服带来的效果一样吗？我只是被说服了而已，生活中不是处处存在着说服吗？

有些教人如何恋爱的培训，会把 PUA 说成是一种增强社交能力的技巧，说这个技巧有说服的效果。

也有人在说着 PUA 的话，做着 PUA 的事，被识破后，辩称自己只是在尝试说服对方。

要判断 PUA 到底属不属于一种说服技巧，那要看如何定义说服。本书对说服的定义皆指善意的说服。可以肯定的是，PUA 不属于善意的说服，所以我认为 PUA 不是说服技巧。

1. 动机

说服和 PUA 的动机不同。

说服的动机通常建立在互惠互利的基础上。说服会考虑双方的利益，尊重人的自主性，可能基于共同的目标，通过有逻辑的、带情感的或正面激励的共同作用，鼓励人们基于信息和共鸣进行决策，接受某种观点或采取特定行动。

在说服的过程中，双方都能获益或达成共识。说得直白一点，说服追求的是：我好，你也好，大家都好。

案例

某环保组织试图说服公众减少使用塑料袋，其不仅是为了实现组织目标，同时也考虑到了公众和环境利益。其会通过提供科学研究、统计数据和逻辑分析等材料，强调减少使用塑料袋对环境的长远益处。

环保组织为了说服公众减少使用塑料袋，会使用情感共鸣的方式作为说服的工具。比如通过展示野生动物受到塑料污染影响的真实案例来触动人们心弦，当人们看到鲸或海豚因胃里的塑料垃圾而死亡时，内心会有感触。

环保组织同时也会使用正面激励来增强说服效果，如强调个人采取行动对环保贡献的重要性。

环保组织通过鼓励人们基于全面的信息和内心的共鸣做出决定，提高公众的环保意识，从而达到说服公众减少使用塑料袋的目的。

而 PUA 的动机往往是单方面的，主要体现操控者自己的利益。

操控者通常不会顾及受影响者的需求和感受，不考虑受影响者的利益，不在乎受影响者的损失，不关心 PUA 对受影响者带来的负面后果。

多数情况下，PUA 的目的或结果正是受影响者受损，而操控者获益。说得直白一点，PUA 操控者追求的是：我好，至于你好不好，我根本不关心。

案例

部分销售员可能会利用 PUA 策略，通过操纵潜在顾客的情感，让顾客购买他们根本不需要或超出预算的产品。

销售员可能通过唠家常拉近与顾客的距离。其针对不同的顾客采取不同的对话策略。比如他们对儿女在外的老人直接亲密称呼叔叔阿姨，以此建立与顾客间的信任，然后利用这种信任，讲述个人的悲惨经历，诱导顾客出于同情购买产品。

或者，销售员可能夸大产品的功能或稀缺性，制造紧迫感，让顾客担心错失购买机会。

有时候，销售员甚至利用顾客的内疚感，暗示不购买将会对销售员个人造成负面影响。

这些策略虽然可能在短期内促成销售，但却是建立在心理操纵的基础上的，并没有考虑顾客的实际需求，可能导致顾客日后感到后悔和不满。

2. 手段

说服和 PUA 的手段不同。

说服通常会采用开放、透明的沟通方式，其信息、情感和表达都是真实的、积极的，说服方会尊重对方的自主权，允许对方基于完整信息做出决定。

（案例）

某公共健康专家试图说服公众接种某种疫苗。他通过组织公开讲座、发布研究报告和数据来支持接种疫苗的重要性，强调其对个人和社会健康的益处。

在讲座中，专家详细解释疫苗的工作原理，疫苗可能带来的副作用，以及为何群体免疫对控制疾病传播至关重要。同时，专家也真诚地表达对公众健康的关心，鼓励提问，以积极的互动方式解答疑虑。

在这个过程中，公众被赋予了基于真实、完整和准确信息做出自主决定的权利。

PUA 往往依赖于一些见不得光的手段，操控者不惜隐瞒真相、夸大事实，不注重受影响者的自主决策权，而是通过情绪操控使受影响者按照自己的意愿行事。

与其说 PUA 属于一种说服技巧，不如说 PUA 更像是一种诈骗手段。

案例

某男生看起来成熟、有魅力又感性，常在朋友圈发自己的房子、车子、在世界各地旅游的照片等，将自己塑造成一个有钱又"有闲"的"成功人士"。

该男生主动与某女生搭讪，两人聊到一起，很投缘。他根据女生告诉自己的感情经历，虚构自己在情感上的过往，让女生感觉遇到了知己，产生一种相见恨晚的错觉。

之后，该男生开始强调他对女生的真挚感情，并直言在遇到女生前从未真正爱过别人。

当女生质疑他们关系的发展速度时，他会利用之前建立的信任，暗示如果女生真的在乎他，就不该有这样的疑问。

他许诺女生未来会有美好生活。有时他会故意显得脆弱，利用女生的同情心，说只有女生能给他带来幸福。

连续几个月，他每天与女生互寄温存到很晚，让女生感受到了无比的爱与关怀。

有一天，他说自己急需一大笔钱周转，希望女生能借自己一些。

女生把所有存款转给他后，他便消失了。

3. 尊重

说服和 PUA 在对受影响者的尊重和自主权的态度方面不同。

在说服中，双方是平等的参与者，彼此相互理解，被说服者享有说明观点、讨论或反驳的权利，拥有提出意见和做出决策的自由。

案例

　　一位妈妈为了说服孩子不要熬夜，查阅了很多科学资料，用事实向孩子列举熬夜的危害。孩子反驳说自己熬夜是为了学习。

　　之后，妈妈和孩子一起记录放学回家后的时间分配，一起讨论哪些时间是可以重新分配和利用的，哪些活动是可以提高效率的。后来他们发现，孩子每天晚上回家吃完饭都要连续看 2 小时的电视，然后才开始写作业。

　　妈妈和孩子商量，休闲娱乐是可以的，但要适度，如果减少 1 小时看电视的时间，孩子晚上就不需要熬夜了，可以从每天减少 10 分钟做起，逐步做出改变。

　　孩子听取了妈妈的建议，尝试逐渐调整作息。

　　PUA 是以实现操控者的目标为首要任务，操控者常常通过各种手段，忽视或侵犯受影响者个体的自尊甚至自由，不惜损害受影响者的心理健康。

案例

　　职场中，上级找到下级，希望下级承接一个预期收益很低的项目。

　　上级知道下级不想接受，但谈话时，暗示如果下级不接受这个项目，可能对下级在公司的未来职业发展造成不良影响。

　　下级表达对这个项目完成条件的疑虑后，上级并没有表示理解或给下级提供一些支持与帮助，而是拿出执行力、敬业度、忠诚度这样的词语来搪塞下级，并对其施加压力。

　　下级为了满足上级的期望，被迫接受了一个自己不愿意接受的项目。

总之，PUA不是说服。说服是一种双方都可能从中获益的健康沟通形式，它是基于信息共享、相互尊重和理性讨论进行的；而PUA则是一种以操控者的利益为中心，通过操纵和控制手段来实现其个人需求的策略。

说服要考虑被说服人的利益，对被说服人是有利的，而PUA只考虑操控者的利益，只保证为操控者好。

1.2　精神控制：侵蚀权益与漠视感受

既然PUA不是一种说服技巧，那PUA究竟是什么呢？

PUA的核心在于通过操控心理、左右情绪和控制精神来操纵受影响者，使用各种技巧让受影响者感到困惑、依赖或无助，从而在不知不觉中屈从于操控者的意识，按照操控者的意图行动。

之所以要反PUA，是因为PUA是有害的，甚至可以说它是有"毒"的。

PUA是一种带着恶意的精神控制。

1. 不尊重他人权益

自主选择是人类基本权利之一，每个人都平等地拥有选择自己的生活方式和进行情感表达的自由，而PUA不尊重人的平等，试图剥夺受影响者本该拥有的权利。

在PUA中，受影响者的感受、需求和期望被彻底边缘化，其情感表达的自由、选择的自由、拒绝的权利等个人权益都被忽视。

操控者将受影响者视为实现其个人目标的"工具"，而非拥有平等权利的个体。

2. 忽视他人感受

在 PUA 中，为了达到自己的目的，操控者往往会将受影响者置于一个充满焦虑、恐惧和自我怀疑的环境中。

通过 PUA 施加的情感压力，本质上是一种情感虐待。它通过剥夺受影响者表达真实感受的自由，将他们置于一种持续的情感压力下，导致受影响者感到被动和无助。

操控者对受影响者的情感需求漠不关心，甚至将这些需求用作操控的工具，这种行为是对他人感受的漠视。

除情感上的虐待外，操控者有时候还对受影响者进行人格的侮辱。在 PUA 时，操控者实际上是在贬低受影响者的价值感和自我认同感，甚至贬低或否定受影响者的各个方面。

3. 损害他人利益

PUA 以牺牲他人的利益为代价实现操控者的目的。

受影响者在这种不平等的人际交往中，要付出时间、金钱或情感。受影响者的损失可能不仅体现在物质上，还体现在心理健康和生活质量长期受到负面影响上。

PUA 造成的精神上的伤害远比物质损失更严重，受影响者可能需要花费大量时间和精力才能从这种深度的心理创伤中走出来。

除以上 3 点之外，**PUA 还有非常强的隐蔽性，难以被人们发现。**

在 PUA 中，操控者可能看起来人畜无害，甚至表现得异常亲切、体贴和真挚。操控者利用社会道德或文化常规做伪装，使受影响者及旁观者难以辨识其真实意图。

操控者深谙人性的弱点，如人对认同、爱慕、安全感的渴望，以及对恐惧、羞耻和罪恶感的排斥等。他们利用人性的弱点，通过控制情绪，制造一种让受影响者难以抗拒的心理状态。这种对情感的精准把握直接作用于人的内心，往往是隐蔽的。

PUA 有时候是逐步实施的，开始可能仅是做出一些看似无关紧要的行为，随着时间的推移，操控者会一步一步侵蚀受影响者的思想。

总之，PUA 是一种基于自私和操控的行为模式，它不尊重他人权益，忽视他人感受，损害他人利益，同时又难以被察觉。识别和反制 PUA 行为，建立基于平等的人际交互模式，是尊重别人，更是珍爱自己。

1.3 深远毒害：心灵侵犯与情感伤害

也许有人觉得，被 PUA 了好像也没什么。

之所以会有这种感觉，也许是因为 PUA 没有发生在自己身上，也许是从来没意识到自己被 PUA 了。

我们不仅要反制 PUA，而且要在其发生的第一时间识别并反制，不然其可能会对个体及周围人群产生深远的负面影响。

1. 损害心理健康

案例

小娜原本是一位才华横溢的作家，作品中总是饱含丰富的情感和独特的视角。在一次文学研讨会上，小娜认识了资深编辑小坤。

小坤对小娜的作品表现出了极大兴趣，称赞她是一位潜力无限的作家。小坤的关注和赞美让小娜感到受宠若惊。

后来两人成为情侣。随着关系越来越近，小坤开始介入小娜的生活和写作。他先是以爱为名，频繁询问小娜的行踪，渐渐地开始限制她的自由。他暗示小娜如果在乎他，就应该理解和接受他的这些"小要求"。他后来又开始插手小娜的写作，批评小娜的写作风格，强调只有按照他的指导写，她的作品才能达到更高水平。

每当小娜尝试坚持自己的创作观点时，小坤就会变得情绪化，指责小娜不尊重他的专业意见，甚至暗示如果她继续固执己见，必然失败。

在这种氛围下，小娜渐渐失去了创作灵感，迷失在小坤设定的框架中，开始怀疑自己的才能和价值。

小坤的操控让她感到无助和挫败，她的自信心遭到了严重打击。她不再像以前那样享受写作，而是把写作看成一种负担。

小娜开始感到极度焦虑和抑郁。她的自我价值感严重下降，她不断质疑自己，感到自己陷入了一个情感囚笼中，既无法满足小坤不断增长的需求，也无法找回曾经的自我。

人们发现自己被 PUA 时，可能会产生强烈的心理冲击，可能因为困扰和压力的逐渐累积，在日常生活和心理健康方面遭受长期伤害。

自我价值感丧失是 PUA 中常见的心理反应之一。受影响者可能质疑自己的能力，产生强烈的自我怀疑，感到无能为力。

比如小娜被 PUA 后，不仅感觉自己对与恋人小坤间的关系无能为力，而且感觉自己"不配"成为一个合格的作家。

有些 PUA 受影响者可能因持续感到不安而产生心理疾病。长期的情感伤害甚至可能导致创伤后应激障碍（Post Traumatic Stress Disorder，PTSD）。一些曾经全情投入的受影响者可能发现自己无法摆脱那段经历的阴影，就算在安全环境中，也会感到极度不安和恐惧。

2. 破坏人际关系

案例

小文刚大学毕业，他体形较胖，对自己的外貌不自信，总带着隐隐的自卑，没有朋友。一次偶然的机会，他遇到了帅气、身材好的健身教练小陈。

小陈人很和善，他好像是为数不多愿意主动与小文做朋友的人。

小文向小陈袒露了自己对身材的自卑。小陈教了小文一些减肥技巧，小文照着做了一段时间发现效果显著，就这样小陈迅速赢得了小文的信任。

有一次，小陈向小文介绍一款健身器材，小文试了试，觉得不错，但问了价格，发现要3万元，小文犹豫了。

小陈拿出手机，向小文展示很多人在购买使用这款健身器材后，身材变好了，人也变精神了，还找到了理想工作。

小陈语重心长地对小文说："3万元存款改变不了你的人生，但这款健身器材可以。"

小文相信小陈，于是乖乖掏钱购买了。后来，小文发现网上很多同款的健身器材只需要不到1000元，而且这款健身器材并不像小陈说得那么有效果。

小文找小陈核实。小陈说，网上那些同款健身器材都是仿品，而且用的都是劣质材料。他卖的这款健身器材申请了专利，质量好。没有效果是因为时间不够，坚持用一段时间就会见到效果。

之后，小陈就"失联"了。小文感到深深的失望和愤怒，他意识到自己被小陈利用了，从此再也不相信任何人，觉得任何一个主动向自己示好的人都是骗子，把内心封闭了起来。

真诚和信任是构建健康人际关系的基石。然而，当 PUA 出现，这两个基石将会被削弱，甚至被彻底摧毁。

PUA 之后的关系瓦解可能不只是两个人的事，还会伴随着受影响者对他人信任的丧失和对人性的失望，也会影响他们未来构建健康的人际关系。

受过 PUA 伤害的人，可能会开始怀疑周围人的意图和行为，变得更加谨慎和封闭。

3. 阻碍个人发展

案例

小林刚毕业就加入了一家领域内的头部公司，他是个充满热情的软件工程师，对未来充满期待和梦想，渴望通过努力取得成就。

小林的上级叫胜哥，是个很有经验的技术专家。小林刚到部门时，胜哥专门为他举行了盛大的欢迎仪式，并私下对他说，如果他表现好，很快就可以得到提拔。

在小林工作的头 2 个月里，胜哥对他的关怀无微不至，这让小林在公司仿佛找到了家的感觉。

2 个月后，胜哥向小林暗示只有通过不断加班才有可能在公司取得发展。胜哥说，加班是公司文化，创始人创业时就天天和团队一起睡在公司，自己刚入职时也天天加班，正是上级看到了自己不断加班的拼搏精神，自己才得到了今天的职位。

有一次小林因为有事正常下班，胜哥批评小林没有团队精神。后来胜哥常找各种理由表达对小林的不满。

在一次与胜哥发生冲突后，小林离开了，到了一家新公司。新的上级对小林很好，小林反而觉得新上级"有所图"，对新上级敬而远之。

有一次小林主动加班，新上级关心小林，问了一句："怎么这么晚了还不走？"小林赌气一样地回答："你们当领导的看到员工加班还不开心吗？"

不久后，小林在这家公司也待不下去了。后来他又兜兜转转去了好几家公司，因为总是和上级存在沟通问题，职业发展一直不顺。

PUA 给人带来的可能不只是一时的困扰，还有持续的心理和情感影响。这些影响会逐渐渗透到个人的自我认知和价值观中，构成对个人发展的显著阻碍。比如小林把对胜哥的不满转变成了对所有上级的不满，认为任何一个上级都像胜哥一样在 PUA 员工。

PUA 带来的自我怀疑可能让受影响者分不清正常关怀和 PUA，导致受影响者在情感表达和人际交往方面变得更加保守和封闭。

受影响者可能发现自己明明已经脱离了 PUA 环境，但人生轨迹却越来越多地受到 PUA 后果的影响，这种在生活中的被动和无力感也许会让受影响者在长期的人生旅途中感到迷茫和失落。

总之，PUA 不仅会在发生时造成伤害，还会对受影响者产生深远和多元的负面影响。它不仅可能造成情感交流的扭曲，对受影响者的心理健康构成威胁，还可能影响其未来发展。

第 2 章

应对 PUA

　　看清楚 PUA 的本质，可以准确识别 PUA 后，接下来就要应对 PUA 了。有效应对 PUA，能够保护自己的自主权和自尊心，明确个人边界，在尊重他人的同时，让自己不受操纵和伤害，维持更加健康和平等的人际关系。

2.1 人间清醒：反 PUA 的通用方法

常见应对 PUA 的方法有 4 种：设定边界法——清晰明确地表达自己可接受的范围；自我意识法——增强自己的独立思考能力和精神力；共同决策法——利用群体智慧识别和应对 PUA；隔绝远离法——让自己避免负能量的干扰。

2.1.1 设定边界法：明确界限，抵御操控

设定边界法是通过划定哪些言行是可以接受的，哪些言行是不可以接受的，设定自己的边界，明确自己的界限，以此来抵御操纵和防御控制的方法。

1. 自我认知

设定边界法的第一步是自我认知，这是自我保护和独立思考的基石，也是所有应对 PUA 方法的基础。

要有效防范和应对 PUA，首先要深入挖掘和理解自己内在的世界，包括价值观、需求、愿望及个人的舒适区与不适区。

通过自我认知，明确自己的立场，了解在哪些情况下需要设定边界，以及如何有效地维护好这些边界。

自我认知的方法有很多，比较简单直接的方法是问自己以下 5 类问题。

- 对你来说，最重要的 3 件事是什么？你最希望自己成为什么样的人？谁是你最崇拜的人？

> **解析：** 这类问题可以帮助你识别你的核心价值观，这些价值观指导着你的决策和行为。

● 你最不愿意改变的是什么？有哪些情况如果改变，会让你抓狂？你最不希望生命中的什么发生变化？为什么？

> **解析：** 这类问题可以揭示你的核心信念，这些信念可能会被别人利用，用来推动或阻碍你的情绪。

● 什么情况下你感到最幸福、最满足？你在哪些方面感到最自信？做哪些事的时候你感觉最有激情？

> **解析：** 这类问题可以帮助你发现自己真正的兴趣、需求或梦想所在，以及哪些活动能给你带来内在的满足感。

● 你最害怕什么？你最讨厌什么？你最不希望看到什么？你觉得什么事最让你感觉没有意思？

> **解析：** 这类问题可以帮助你认识到你的恐惧、担忧、厌恶等负面情绪的来源，可以帮助你理解自己的边界。

● 什么事情会让你感到疲惫？什么事情会让你感觉自己在浪费时间？什么事情对你来说是一种消耗？

> **解析：** 这类问题可以让你理解什么可能消耗了你的精力，扰乱了你的情绪，帮助你设定更清晰的边界或更有效地管理你的时间和资源。

　　问自己这些问题其实是一种自我反思，这种自我反思可以在任何时候进行，但要注意让自己安静下来，平静地回答。

　　回答这些问题时，不需要刻意设定时间限制，可以充分思考。人的心境会随着环境变化而发生一些变化，所以在不同的时间问自己相同的问题，可能会有不同的答案。

除了问自己问题之外，日记也是一种比较有效的工具。你可以试着在日记中记录下每天的事件、情绪反应、思考过程以及对特定情况的感受。

通过回顾和分析日记中的这些记录，你可以逐渐发现自己对某些行为或情境的真实反应，理解哪些事情触碰了自己的界限，哪些行为让自己感到舒适或不适。

你也可以尝试与信任的朋友或家人进行深入讨论，分享自己的想法、感受和经历，同时听取他人的观点和反馈。

专业的心理咨询师也可以帮助你探索自己的内心世界，提供专业的反馈和引导，帮助你更清晰地认识自己。

2. 明确界限

在第一步自我认知的基础上，可以进一步明确个人界限。界限的设定涉及多个层面，例如情感界限、时间界限和精神界限等。

情感界限是人们允许别人影响自己的情绪状态或感受的程度。明确情感界限意味着明确表达哪些言行对自己是不可接受的，例如不接受言语侮辱、情感操纵或冷漠对待。

例如，你可以明确表达："我跟你说过我的底线，但你现在无视我的感受，我希望彼此保持尊重。为此我们可以谈谈。"

时间界限涉及个人如何分配自己的时间，以及允许他人占用自己时间的程度。

职场中，设定时间界限可以事先明确自己愿意付出哪些时间来工作，或者别人什么时候可以就工作问题来打扰自己。

例如，下级可以事先与上级沟通："我可以在工作日加班，但周末我要带孩子，实在照顾不到工作，还请见谅。"

精神界限涉及人的思想、喜好、价值观等要守护的边界，明确精神界限可以要求他人尊重自己的思想和自由选择。

例如，你可以说："我尊重你喜欢看足球，但也希望你尊重我喜欢看电影。我不会因为你爱看足球去评价你的品位，也希望你不要因为我喜欢看电影来评价我的品位。"

3. 表达界限

明确界限后，接下来就要表达清楚自己的界限。最好事先表达，如果没有事先表达，别人越界了，也可以在越界后第一时间表达。

在表达界限之前，先评估情境。考虑对方的性格、你们的关系以及最佳的沟通时机。可以选择一个双方都相对放松且不太可能受到打扰的时间表达，以便进行深入的沟通，达成共识。

通过清晰、坚定和没有攻击性的语言来表达自己的界限，例如使用"我感觉……""我需要……""我希望……"等。

事先表达自己界限的时候，可以"理直气软""坚定无力"。

"理直气软"中的"理直"意思是你事先表达清楚自己的界限，这件事是正常的、合理的，不必觉得理亏；"气软"意思是表达的态度不宜过于强硬，可以先委婉地表达。

"坚定无力"中的"坚定"意思是你的表达要是具体的、明确的，过程中不容任何质疑；"无力"意思是讲出来的时候不宜带有任何攻击性。

表达自己的界限时，不需要过多解释或辩解自己的需求。界限是基于个人的舒适度和需要设定的，不需要得到外部的认可。

当然，在表达界限时，也要尊重对方的感受和需求。明确你的界限并不意味着忽视或侵犯对方的空间，而是寻找一种双方都感到舒适的相处方式。

如果你的界限没有不利于对方之处，但对方却在试图让你改变自己的界限，则可能对方在 PUA 你。这时候，你要坚持自己的立场。

如果你的界限与现实情况有冲突的话，可以设定一个双方都可以接受的解决方案。例如，如果公司确实有紧急的工作要处理，但你晚上不能加班，可以提出自己第二天早上提早来公司处理工作。

4. 维护界限

在表达清楚界限后，就要维护界限。

一旦界限被设定，就需要坚持不懈地维护它。如果你在某些情况下放弃或妥协，那么别人可能就不会把你的界限当真。

维护界限是一个动态的过程，你需要警觉那些可能侵犯个人界限的行为。

注意，一旦识别到跨界（跨越界限）行为，重要的是立即反应。延迟处理可能会被别人解读为接受或默许，从而鼓励更多跨界尝试。

首先，要对自己的界限有清晰的认识，并对可能的跨界行为保持敏感。注意那些让你感到不舒服、受到威胁或被侵犯的情况。

其次，在遇到跨界行为时，要明确而坚定地重申你的界限。例如："关于加班的问题，我之前说过，请你尊重我的个人时间。"在重申界限时，也可以使用"我"来表达自己的感受和需要，同样可以使用"我感觉……""我需要……""我希望……"等。

再次，拒绝是维护界限的一个关键技巧。可以用礼貌但坚定的方式拒绝那些超出你界限的要求。必要的时候，可以理直气壮、坚定有力。

最后，如果有人反复无视你的界限，持续跨界，你可以评估这类人在你生活中的位置和重要性。有时候，为了自己的身心健康，最好的选择可能是与其分开。

在维护界限的过程中，可以尝试寻求朋友、家人或专业人士的支持和建议，他们可以为你提供额外的视角和力量。

如果跨界行为升级到侵犯或骚扰，不要犹豫，立即采取法律手段保护自己。

当然，随着时间的推移和关系的发展，你可以根据新的情况调整界限。但请注意，调整界限要以自己感到舒适为原则，而不是为了对方的要求而改变。

通过以上 4 步的设定边界法，你可以在各种人际关系中保护自己的身心健康，在尊重和理解基础上，与别人保持平等的互动。

2.1.2　自我意识法：监测情绪，自主决策

自我意识法是通过提高对自身内在状态的认识和理解，帮助人们识别并抵抗 PUA 操纵和控制的方法。

这种方法侧重于增强自我觉察、自我认知、自我尊重和自我价值感，使人们能够在面对 PUA 时保持清醒，做出自主且有意识的行动。

1. 自我觉察

自我觉察能力强的人能够更好地识别和应对 PUA，增强自我觉察是建立健康的心理防御和维护个人界限的基石。

增强自我觉察能力需要养成自我反思的习惯。通过自我反思，你可以深入了解自己的内心世界，包括感受、想法和行为模式。

自我反思最好安排在特定的时间，可以选择一天中的某个时刻，比如每天晚上睡前或每周的某个安静的下午。自我反思要是清净的、专门的、持续的。

自我反思时，尝试深入探索每天发生的事件和自己的反应，问自己："我今天为什么快乐、沮丧或愤怒？我为什么会有这样的感受？这背后有什么原因？"

注意监测自己的情绪。情绪是一个人内心世界的直接体现，通过监测自己的情绪，理解自己的情绪，可以更好地掌握自己的心理状态。

学会识别自己的情绪。有时候，单纯的"我现在感觉不好"可能包含了焦虑、伤心或失望等不同的情绪。准确地发现和定义这些情绪，有助于更好地理解自己的需要。

每当出现强烈情绪时，深入探索这些情绪背后的原因。可以询问自己："我为什么会产生这种情绪？它是由当前的人、事、物触发，还是和我过去的经历有关？"

2. 建立自我观念

反对 PUA 需要具备比较强大的内心。这需要人们有比较明确的自我价值感知，为自己建立起一套健康的自我观念，更加坚定地看待和面对外界的压力与操控。

你要有积极的、自我肯定的观念，时刻提醒自己，明确自己是什么样的人，例如"我有权利拥有自己的个人空间""我有处理好工作的能力""我有独立思考的能力"。

如果你的自我观念比较弱，可以试着每天强化一下，每天重复一些积极的观念，让它们成为一种信念，一种深信不疑、笃信的思想。

如果你有一些自己很认可或意志坚定的信念，可以把它们写下来或者做成一幅字画，贴在或挂在自己的工作桌上、卧室的墙上，还可以做成手机、电脑的屏保、桌面。

可视化的提醒可以帮助你在日常生活中不断回忆和加强这些积极的信念。

自我观念不强的人，会发现自己在遇到困难或面对新事物的时候，内心常常会出现一个声音告诉自己一些与预设观念相反的想法，让自己做出原本不想做、不该做的行为。

这种情况下你就要特别注意这种负面声音出现的情景。当你捕捉到自己有这种负面的自我对话时，先让自己停下来，质疑这些想法的真实性或合理性。

例如可以问自己："我为什么会这么想？这个想法有依据吗？我这么想，是基于事实，还是别人的引导？如果我的朋友遇到了同样情境，有了这样的想法，我该怎么劝他们？"

一旦识别出自己负面自我对话的来源后，就能够发现问题了，接下来就可以尝试用正面的、建设性的话语来替换这些想法。

在这个过程中，注意不要责怪自己。你可以把自己当作一个好朋友一样对待，用同情和理解来回应自己的缺点或失误，像帮助一个好朋友一样帮助自己成长。

每个人都不是完美的，犯错是成长的一部分，我们需要练习、需要时间、需要耐心。强化自己的自我观念，可以减少外部评价和判断对你的影响。

3. 自主决策

练习和养成自主决策的习惯也是增强个人独立能力和抵御 PUA 的重要方法。你可以在平常多试着培养自己养成这方面的习惯，对信息和意见具备批判性分析和思考的能力。

培养自主决策习惯可以从日常生活中的小决策开始，比如决定自己今天吃什么、安排自己要做什么或选择自己要玩什么。

在做出每一个小决策时，都要意识到，你自己是决策的主体。你的所有决策都要基于自己的喜好、需求或目标。

如果你常常有过度分析、犹豫不决、决策困难等问题，可以通过锻炼提高自己的决策效率。首先从不那么重要的决策开始，可以给自己设定一个时间限制，比如在 5 分钟内做出选择。

每做出一个决策后，记得花时间反思一下自己的决策过程：思考哪些因素影响了你的决策；思考每个决策是完全基于自己的意愿和需求，还是受到了外部的影响或压力。

反思决策的时候要注意评估自己的决策系统是否正确，而不是决策结果如何。

例如，在一个投资决策面前，你认为盈利的概率是 10%，亏损的概率是 90%。基于此，你做出了不投资的决策。但别人的投资结果出来后，这个投资盈利了。

这时候不能说你的决策错了，因为你的决策系统没有错。不能因为出现了小概率事件而质疑自己的决策过程。你要保证的，是自己的决策系统不出问题。

当然，有时候确实可能是自己的决策系统出现了失误。你可以尝试从多个角度分析问题，考虑不同的可能性和后果。

记得把做出的决策与自己的目标和价值观进行对照，问自己："这是我想要的吗？这件事与我的长期目标相符吗？这符合我的价值观吗？"

通过正确地反思和评估自己的每个决策，你可以逐渐增强自己的自主决策能力。这样你就能在遇到 PUA 时，基于自己的价值观和需求，做出更加明智和独立的选择。

"针扎不透，水泼不进"形容一个人坚持己见，不听别人的意见，很多时候用为负面的描述。但也正因为这类人自我意识强，反而在应对 PUA 方面有比较好的效果。我不鼓励你成为这样的人，但你可以在运用自我意识法时，向这类人借鉴学习。

理解自己，认识自己，管住自己，提高自己，可以增强你面对
PUA 时的心理韧性，能够让你从根本上识别和抵制操控你情绪的
策略。

2.1.3　共同决策法：借助外力，降低风险

共同决策法是当你感到不确定或不适的时候，或在要做出重要决
策时，寻求那些你信任的人的建议、支持或帮助，和他们一起做决策
的方法。

俗话说："一个篱笆三个桩，一个好汉三个帮。"一个人的能力
是有限的，一个人思考难免会有想不清楚的方面，多人一起思考可以
贡献不同的视角，提供更多不同的建议。

共同决策法正是利用群体的智慧让自己保持清醒，给自己找个智
囊团。当一个人的决策不保险时，那就利用群体的智慧决策。

1. 识别可信赖的人

应用共同决策法的第一步是识别出那些你信赖的人。这些人可能
是对你真心实意的父母、兄弟姐妹、亲属或知心朋友。

可信赖的人不仅在物质上帮助过你，更重要的是可以为你提供情
感上的支持，始终保持对你的诚实和尊重。

要识别出哪些人是你值得信赖的，可以通过倾听、观察、交流等
方式判断。

一个人言语和行为的一致性是他/她值得被信任的关键基石，你
可以观察他们的言行是否一致。如果某类人在不同情境下保持着相同
的原则和行为，表明这类人是可靠的。

你可以回想过去，当你需要帮助时，他们是否及时出现并提供帮

助。你可以思考他们是否在乎你的感受，因为真正关心你的人会在意你的感受，会真诚地帮助你，而非只是礼貌地回应。

可信赖的人愿意与你分享自己的想法、感受和个人经历。彼此开放的交流可以建立深层次的信任，为双方提供一个安全的空间，使双方可以分享敏感或私人的信息。

在你分享自己遇到的问题时，可信赖的人会给你更多的支持、安慰和鼓励，而不是一味地评判或指责。

可信赖的人会懂得尊重你的隐私，能够为你保守秘密。如果你曾经与他人分享过敏感信息，关注这些信息有没有被泄露出去。

可信赖的人还要能够帮助你解决问题。你可以观察这类人平时是如何与人沟通和处理问题的。

2. 进行开放的沟通

遇到重要事项、疑似 PUA 的情况或自己拿不准的事情时，可以与可信赖的人进行开放和诚实的沟通。

在开始对话前，首先要搞清楚你希望通过这次沟通达到的目的，是寻求建议、共同决策，还是分享你的感受和担忧。搞清楚目的，也能帮你看清楚自己面临的状况。

沟通前记得询问对方的时间安排，可以找一个安静、私密的环境进行沟通，确保双方都有足够的时间和精力参与其中。

沟通的时候，要详细说明你所面临的情况，包括所有相关的背景信息、你的感受、你遇到的难题以及你目前考虑的解决方案，确保不遗漏任何可能影响决策的关键信息。

清楚地表达你的担忧，尤其是那些使你感到不确定或不适的情况，解释为什么这些情况让你感到担忧，以及你对可能产生的后果有什么预期。

分享你在面对这些决策时的情感体验，无论是焦虑、恐惧还是激动，让你信赖的人了解这些情况对你个人的影响。

分享完后，给予对方足够的空间来表达他们的想法和建议，认真倾听他们的反馈。如果他们的想法和建议不清楚，不要犹豫，提出你所有的疑虑，以获得更深入的解释。

然后，你要基于从对话中获得的反馈，与其共同探讨所有可能的解决方案，考虑每个选项的利弊，并讨论它们对你和相关人员可能产生的影响。

通过这种开放和诚实的沟通方式，你不仅能更清晰地了解自己的想法和感受，还能从信赖之人那里获得宝贵的意见和支持，与其共同做出最佳决策。

3. 尊重不同的视角

应对 PUA 时，来自信赖之人的不同视角是帮助你做出决策的重要参考。不同的视角可以帮助你发现自己未曾注意到的信息，思考更多的可能性，甚至揭露潜在的 PUA。

与你信赖的人对话时，你可以主动寻求不同的看法，提前明确表达出你希望听到不同的建议或意见，即使这些看法可能与你的初步想法不同。

你可以强调自己的目标就是获得尽可能多的视角，以便自己做出最明智的决策。让你信赖的人知道你欢迎任何观点，即使是那些可能令人不适的批评意见，你也可以欣然接受。

即使你信赖之人的某些建议与你最初的想法不符，也要保持开放的态度。不同的视角可能会为你提供你之前未考虑到的解决方案。

如果你发现了被 PUA 的线索，可以与信赖的人讨论。他们可能可以帮你更清楚地看到事情的全貌，帮助你保护自己。

征求多方意见可以让你获得更广阔的视野，增强你对 PUA 的认识和防范能力。可以试试将来自不同人的意见和观点结合起来，利用这些多元化的视角制定一个综合的解决方案。

4. 共同面对和反思

当你把信赖之人拉入自己当前的问题后，这件事就变成你们共同要面对的事件了。接下来你们可以持续讨论，共同决策，并对结果做讨论和反思。

这时候，你多了一个可以共同面对问题和共同分担结果的人。接下来无论结果怎么样，你承担的压力会减轻，试错的心理成本也会降低。

而且你和信赖之人多了一个可以讨论的话题，你可以分享接下来这件事的走向，分享你从中吸取的教训和自己的反思，增进彼此的关系。

这种探讨对双方都是有益的，既可以帮助你总结经验、吸取教训，又能为对方提供案例价值。你们都可以将这次的经验、教训应用到未来的决策中。

共同决策法既可以让你从多个角度审视问题，又可以加深你与信赖之人的关系。你与信赖之人可以相互帮助，而并不限于一方帮助另一方。

2.1.4　隔绝远离法：拒绝来往，保持距离

隔绝远离法是在发现某人有对你实施 PUA 的苗头之后，通过疏远、"拉黑"、绝交等方式，与其保持距离或者不给出任何回应的方法。

隔绝远离法通过制造物理或情感上的距离，让自己靠近正能量，

远离负能量，以减少或消除 PUA 对自己的影响。

1. 识别 PUA

实施隔绝远离法的第一步是提高自己对 PUA 的认识和警觉。你要能够迅速识别 PUA 的言行模式，以便在面对 PUA 时能够迅速采取行动。

你可以相信自己的情绪，如果对方让你感到自己被轻视、感到困惑或感到自己不被尊重，很可能就是对方在 PUA 你。

有时候，直觉也是可以相信的。如果你的直觉告诉你哪里不对劲儿，或者你感到身体的某种异常，例如胃部紧绷、心跳加速等，这也可能是一种警报。

毕竟，PUA 是有害的，面对可能对自己带来风险的状况，宁可信其有。

当然，为了增强自己的判断力，平时要注意感受自己的情绪，观察自己不舒服时的状态。你可以通过回顾过去，看看你的直觉是否曾提醒过你，但却被你忽视了。

从过去的经历中增强自己的判断能力，能有效提高预警水平。如果你愿意，也可以通过记日记的方式记录过去的一些关键事件和关键感受。

当你感觉不确定的时候，不要害怕提问，可以直接反问对方更多的信息和真实意图。当然，如果你对某人的行为感到怀疑，也可以问你信赖的人的意见。

2. 做出远离决定

一旦识别出有人可能在对你实施 PUA 行为，要评估这个人在你生活中的作用和影响。

健康的关系是建立在彼此尊重的基础上的。你可以回想与这个人相处的时光，分析这个人给你的感受，看看自己大多数时候是感到高兴和满足，还是感到不安、困惑或不被尊重。

对你有益的人会支持和鼓励你，而不是控制你。你可以思考这个人是支持你的个人成长，还是试图将你束缚在某种状态中，不让你发展和成长。

正常的人际交往是双向奔赴的。如果你发现总是自己在付出，而对方只是在索取，这可能是对方在实施 PUA 的一个迹象。

在评估完所有这些信息后，你要评估采取什么样的行动更适合自己。如果你的内心感到需要远离对方，那么就勇敢地采取行动。

你可以直接告诉对方希望结束彼此的关系，或者逐渐减少与之接触和沟通。在某些情况下，直接将对方拉入黑名单并切断一切联系可能是最佳选择。

3. 实施隔绝措施

如果可能，可以逐步减少与对方的接触，这样做也许可以帮助你平稳地过渡情绪。

你可以根据自己与对方经常相遇的环境和情况，采取避免相遇的措施，例如，改变上下班或上下学的路线，选择不同的休息时间或地点，避免与对方在生活上或工作上的接触，等等。

如果不可能完全避免接触，比如你们是上下级或在一间办公室的同事，那么可以设定清晰的个人界限，例如可以告诉对方，除了正常工作上的事，彼此不要再有多余的来往。

如果可能的话，你可以拒绝单独会面，只接受与对方在短时间公开场合中的会面，或者只有在第三方在场的情况下才与对方进行长时间对话。

对于可以断绝联系的人，直接删除联系方式，将其拉入黑名单或设置来电、信息、电子邮件等的屏蔽，以彻底隔绝与对方的联系或互动。

如果你有自媒体账号，检查并调整你的隐私设置，确保你的个人信息和状态更新不对此人开放，限制其关注、查看、评论或留言。对于陌生人，同样可以在自媒体平台上设置一定的留言限制，防止其用小号尝试联系你。

虽然断绝关系可能是一个艰难的决定，但为了自己的长远幸福，采取行动是必要的。隔绝远离可以维护你的自我价值，也能帮助你朝着更健康的生活方式迈进。

4. 坚定态度

一旦决定实施隔绝措施，就要坚定不移。开始的时候，可能会遇到一些困难，比如共同的朋友或同事可能会询问或试图介入，但你要坚持和守护你的界限。

对于你想和谁来往，不想和谁来往的问题，你有绝对的决定权。你不需要向任何人解释为什么选择远离那些让你感到不舒服或让你受到伤害的人。

如果被迫必须回应，可以用最简洁的方式，比如"我想一个人静静"。这样的回答既表明了立场，又避免了进一步的争论。

注意，即使在面对询问或压力时，也要坚持你设定的界限，维护这个界限，不要被 PUA。

断绝联系的过程中可能会伴随情感上的波动，特别是如果你和对方有较深的情感连接。你要确保自己在这个时候照顾好自己，保持健康的生活习惯和规律的作息。

你可以探索尝试一些新兴趣或爱好，比如学习乐器、绘画、烹饪、写作或进行户外运动。新的兴趣可以帮助你拓宽视野，能让你在学习中找到成就感和乐趣。

积极的社交互动可以让你沐浴在正能量之中。多花时间与那些对你有积极影响的人相处，这些人应该是支持你、鼓励你，并为你的成功喝彩的人。

专注于自我成长和培养正能量既能帮助你从负面经历中恢复过来，又能为你的未来打下坚实的基础。

每段经历都是成长的机会，通过积极地面对和从中学习，你可以成为一个更加完整、更加强大的自己。

通过隔绝远离法，你可以有效地保护自己免受 PUA 的影响，为自己创造一个更健康、更积极的生活环境。

2.2 强力反击：反 PUA 的常见话术

在操控者面前，说对了话，能够让对方感到无地自容，让对方落于沟通中的下风，为自己争取主动地位，从而有效应对 PUA。

反 PUA 有 6 种常见话术，用反问定义法，可以要求对方澄清，从而占据主动地位；用追究原因法，可以发现对方的想法或隐藏信息；用照单全收法，可以避免与对方正面冲突；用撇清关系法，可以让自己从纠缠中抽离；用延伸推演法，可以揭示对方逻辑的荒唐之处；用反向 PUA 法，"以彼之道，还施彼身"。

2.2.1　反问定义法：找回谈话的主动地位

反问定义法主要用于反驳那些试图操控你的、负面的评价，从而保护自己的界限，帮助自己找回谈话中的主动地位。

这种方法通过要求对方明确其使用某个词语的具体定义，将对话的焦点从个人身上转移到对含义的探究上，为你争取到更多的时间和空间来评估当下的情况，从而为接下来的应对做好准备。

很多时候，想 PUA 你的人只是利用了一些容易激起人情绪的常见词，对方很可能自己也没有特别去思考或理解这些词本身具体有什么样的含义。或者，对方在用这些词的时候，并没有特别为这些词划定含义框架，也并没有预设你会以这些词反问。

反问定义法的常见话术如下。

● 你刚才说到的 ×× 的定义是什么？

● 你刚才提到了 ××，它具体指的是什么？

● 抱歉，我没听明白，刚才你说的 ×× 是什么意思？

● 你好像在说一件我完全不了解的事情，能讲一讲细节吗？

● 我不认识你说的"人们"，所以人们究竟指的是谁？

● 你说的"大家"，指的是你自己吗？

情境1

对　方：大家都在加班，就你不加班，你也太没有团队精神了。

回　应：我昨天家里有事才无法加班的，事先也已经跟您提过了。您刚才提到了"团队精神"，能否具体解释一下您对团队精神的具体定义是什么？

情境2

对　方： 你最近这段时间工作不太用心了，得努力啊。

回　应： 我虚心接受您的评价，不过我有件事不明白，您能否清晰地定义一下，什么叫"不太用心"？您具体是如何评判用心与不用心的？什么叫"努力"？您如何判断我是否努力？

情境3

对　方： 好好干，干得好，很快就能晋升！

回　应： 太好了，不过我想清晰明确地知道，什么叫"干得好"？晋升的具体标准是什么？

情境4

对　方： 你这个人也太敏感了吧，我只是跟前女友吃了个饭而已，你至于吗？

回　应： 我只是问了一下，你就说我敏感？请问，你对"敏感"的定义是什么？

情境5

对　方： 连这么便宜的礼物都不送，你好像太不懂得如何爱别人了。

回　应： 我不懂爱吗？请问，你对"爱"的定义是什么？

情境6

对　方： 你连每天早上送我上班这么简单的事都做不到，你根本没有把我放在心上。

回　应： 是吗？请问，你是怎么定义一个人有没有把另一个人"放在心上"的？

（情境7）

对　方： 你不给我抄作业，就是不把我当朋友！

回　应： 我给你抄作业不是害你吗？如果真把你当朋友，会害你吗？

（情境8）

对　方： 你怎么都不关心孩子的学习成长呢，你应该多陪伴孩子。

回　应： 你是怎么判断我"不关心"孩子成长的？你说的"多陪伴"指的是什么？

（情境9）

对　方： 我们要合作的这个项目，是市场上所有同类项目中最好的。如果你再不决定合作，我可要找别人了。

回　应： 最好？请问你如何定义"最好"？

（情境10）

对　方： 投资这个项目，保证你会盈利，错过就会后悔。

回　应： 我从来没有听说过这个世界上有保证盈利的项目，请问，你对"保证"这个词的定义是什么？

（情境11）

对　方： 我之所以找你借钱，是因为我知道你是个很有同情心的人。

回　应： 请问你具体是从哪里看出我"很有同情心"的？

对　方: 这件衣服真是太适合你了,你穿上它看起来超级时尚。

回　应: 请问你评判"适合"的标准是什么?另外,你怎么评价"时尚"?

1000个人眼中会有1000个哈姆雷特。对于同一件事,每个人因为身份、阅历、性格等因素的不同,都会有自己的观点。

观点本无对错,只是每个人脑中的想法。人与人相处,有思想上求同存异的过程。反问对方某些事情的含义,在人际沟通中没有任何不礼貌之处。

用谦和的、温柔的、平顺的语音、语调和语气反问对方,在达到应对目的,表现出善意的同时,还能让对方感到"这个人好像头脑很清醒"。

很多实施PUA的人,在你反问其对某件事定义的时候,他们就已经有些措手不及了。

如果对方能够回答,而且真的把这个定义、边界或框架说出来了,给了你回应,你可以这样说:"原来如此,看来我们对××的定义有所不同,怪不得没有共同语言。"

通过表明彼此对某件事的定义不同来反驳对方。这里的潜台词是:我们之间是不同的。既然不同,那就"道不同,不相为谋"。

通过运用反问定义法,你不仅能够揭露PUA背后的含糊和主观的评价,还能够增强自身的自主权。你不需要接受任何模糊的、不准确的、经不起推敲的评价,而是通过提问,具体化彼此的框架,保护自己的界限,维护自尊和自信。

2.2.2　追究原因法：揭露对方的潜在动机

追究原因法是一种通过询问对方行为或言论背后的原因，以揭露其潜在动机和假设的反 PUA 策略。

这种方法能够帮助你深入了解对方的真实意图，同时也为自己争取时间和空间来做出更明智的决策。如果对方在实施 PUA，这种方法还可以扰乱其逻辑。

实施追究原因法的时候，可以不断地问"为什么"，直到问到对方无言以对、哑口无言；也可以为对方设定选项，让对方从你给出的选项中选择原因。在对方回答的过程中，你可以根据对方的回答充分思考，判断对方到底是不是在 PUA。

追究根本是一种科学严谨的态度。在正常的人际沟通中，刨根问底很多时候会显得不礼貌，但面对 PUA，"问到根"却是一种有效的应对策略。

追究原因法的常见话术如下。

● 你为什么要跟我说这些呢？

● 你为什么要给我扣帽子？

● 你为什么会这么想问题呢？

● 这样做对你有什么好处？

● 你说为什么有人总喜欢关心别人的事呢？

● 对于我的事，你为什么那么有兴趣呢？

● 你这么说有什么客观依据？

● 为什么我不可以……

情境1

对　方： 大家都在加班，大家都很辛苦，大家是一个整体，你应该有团队意识。牺牲你一点个人时间又算什么呢？

回 应： 你为什么会认为我不加班就代表我没有团队意识？我之前经常跟着团队一起加班，为什么就不算有团队意识？你为什么要把团队意识和加班联系在一起？

（情境2）

对 方： 只有你能完成这个任务，团队绩效能不能达成就看你了。

回 应： 你为什么认为只有我能完成这个任务呢？同事们也很优秀，团队的绩效需要大家共同努力，为什么你认为团队绩效要压在我一个人身上呢？

（情境3）

对 方： 这是个紧急的项目，你必须做，我知道你已经很忙了，但这是你的责任。

回 应： 我也认为这个项目很紧急，但这是团队的责任，你为什么认为这是我一个人的责任呢？为什么你不跟我一起做呢？

（情境4）

对 方： 你吃得太不健康了，你应该改变饮食习惯，跟我一样吃健康的食物。

回 应： 你为什么觉得我必须听你的建议呢？你为什么认为自己的建议一定正确呢？

（情境5）

对 方： 你为什么总是跟她见面？

回 应： 你为什么那么在意我跟她见面？我跟她见面到底影响你什么

了？你是担心我的安全，还是对我不信任？你是对我没信心，还是对自己没信心？

情境6

对　方： 你对我太重要了。没有你，我的日子就过不下去了。

回　应： 感谢你的厚爱，但为什么你会觉得没有我你的日子就过不下去呢？之前你也没有我，为什么日子就过得下去呢？

情境7

对　方： 这个消息我从来没有跟任何人说过，我只跟你说。

回　应： 非常感谢你，不过我有件事情不太理解，咱俩认识也不久，为什么你只跟我说，却不跟别人说呢？你只跟我说的目的是什么呢？

情境8

对　方： 在我们那里，这样做就是习俗，大家都这么做。

回　应： 你为什么觉得习俗就一定是对的？为什么习俗是这么做的，我们就要这么做？为什么别人这么做，我们也要这么做？

情境9

对　方： 家长，我们的班费虽然金额比较高，但我们也是为了孩子的学习和成长。

回　应： 为什么别的学校没有高金额的班费，孩子的学习和成长一样很好？这笔班费究竟都用来做什么了？它为什么对孩子的学习和成长那么重要？

对　方：你上次在公交车上都不给老人让座，可见你这个人一点同情心都没有。

回　应：你怎么知道我没给老人让座？你怎么知道那个老人怎么想的？你清楚当时的情况吗？

情境11

对　方：在现在这个经济形势下，还有几个能赚钱的投资项目？你投别的项目只会赔钱，而我们的项目能让你赚钱。

回　应：谢谢你的好心提醒，我想了解一下，你为什么认为几乎所有的投资项目都不赚钱呢？你是如何得出这个结论的？你为什么认为你的项目能让我赚钱？

情境12

对　方：大多数人都是人云亦云，买了那款产品，我还以为你是懂得独立思考的。

回　应：你为什么认为买那款产品就代表着人云亦云？你为什么觉得我想买那款产品没有经过独立思考？你为什么觉得买那款产品的人都是做出了错误抉择？

追究原因法特别适合对抗那些试图通过含糊其词或施压策略来影响你决策的情境，可以帮助你保持自主意识和警觉。

实施追究原因法的时候，要注意先礼后兵。如果你不确定对方是否在 PUA，可以先语气缓和、礼貌客套地询问对方，让对方觉得你只是单纯地想知道答案。

有时候，对方会因为你问题太多或提出质疑而神情紧张、慌乱无措，也可能因为你刨根问底而勃然大怒，这时候你要保持自己情绪的镇定，不要被对方的情绪影响。

你可以平静地说："我只是因为有不明白的地方，在跟你探讨问题，难道我没有权利问问题吗？还是你有什么不想告诉我的？"

你可以通过追究原因法来"挑战"对方的言论和行为，促使对方提供更多信息，同时也给自己一个评估情况和做出最佳决策的机会。

2.2.3　照单全收法：以退为进，淡定应对

照单全收法是一种表面上表达同意、接受，实际上并不当回事或不以为然的反 PUA 策略。采取这种方法的目的在于通过表面上的顺从或示弱避免直接冲突，淡定应对。

这种方法是嘴上肯定，心里否定，用消极的肯定表达自己实际上不配合。如果对方聪明，应该能听得出来你在敷衍，于是可能会知难而退。

这种方法还有潜台词，那就是：你是对的，所以，你可以闭嘴了。

照单全收法的常见话术如下。

- 你想听我说什么？说"好的"吗？我可以说给你听。
- 如果你非要这么想，我也无所谓。
- 哦，我知道了。还有别的事吗？
- 你说得都对，可以了吧？
- 你什么都对，所以那又怎么样呢？
- 每个人都有不擅长的东西，这很正常。
- 哦，我就是这样的，怎么了？

- 我就是这样的人，而且我觉得我这样挺好的。
- 没事，你随便说，开心就好。

情境1

对 方： 你怎么那么笨，这么点小事都做不好。

回 应： 您看出来了，我确实挺笨的，所以以后这么难的事，别再交给我做了。

情境2

对 方： 都是一个团队的，你不参加这次团建活动，是不是没把大家放在眼里啊？

回 应： 是的，我就是没有把大家放在眼里，我都是把大家放在心里的，所以我不想做表面工作。

情境3

对 方： 这个项目需要非常强的专业技能，可能已经超出了你的能力范围。

回 应： 哦，可能是吧，所以你还是把这个项目交给别人吧。

情境4

对 方： 只有那些能适应快速变化的人，才能在这里取得成功。不适应变化的人，终将被淘汰。

回 应： 您说得太对了，不适应合理变化的人最终确实应该被淘汰。

情境5

对 方： 你看人家 ××，工作多卖力，你应该向人家学习。

回 应： 确实，×× 工作很卖力，我会向 ×× 学习的，我也会继续
做好自己该做的工作。

（情境6）

对 方： 在这种情况下，我的前任会这样做，但你却那样做。我对前
任已经没有感情了，我希望一直跟你在一起，但似乎他比你
更懂我。

回 应： 也许你是对的，可能我确实没有他懂你。

（情境7）

对 方： 爱意味着无条件的支持，你的行为让我觉得你根本不懂爱。

回 应： 是的，我确实不懂爱。

（情境8）

对 方： 没事的，大多数人都害怕承诺，你可能也不例外。

回 应： 是的，我也是大多数人。

（情境9）

对 方： 你看人家 ×× 学习成绩多好，你再看看你。

回 应： 是啊，×× 很优秀。我在学习方面可能确实没有 ×× 那么优秀。

（情境10）

对 方： 犹豫就会败北。你看那个人，因为犹豫不决而错失机会。你
看另一个人，因为果断而获得高收益。

回 应： 确实，人生不就是这样，总是有人得到，有人没有得到。

对 方： 我们的产品是为有品位的人而生，不是每个人都能欣赏它的。

回 应： 确实，我就没有你说的那种品位。

照单全收法特别适合应用在对方使用过度赞美、故意贬低或隐晦威胁时。当对方以为你会因为自尊、立场或名誉受到威胁而澄清或解释时，你不这么做，可能让对方措手不及。

这种方法也可以为你在沟通中提供缓冲，让你以退为进、以屈求伸、以守为攻。

需要注意的是，照单全收法要谨慎、正确地使用，因为它可能会让对方误以为你真的认可其言行，或者对方可能会顺着你这种接受的态度进一步实施 PUA。

2.2.4 撇清关系法：独立思考，划清界限

如果对方说："既然你觉得我说的都对，那为什么还不行动呢？"

这时候，你可以用本小节的撇清关系法应对，你可以说："你是你，我是我。你说的都对，但不代表我要照着你说的做啊。"或者"你是对的，但不代表我就是错的。"

撇清关系法是一种划清自己与对方言论中的假设或期望间的界限的反 PUA 策略。这种方法的目的是明确指出对方的言论、想法或行为与自己无关，或不应由自己承担责任。

很多操控者会放大你的责任，把本不该归责于你的事项让你负责，例如对方的情绪反应、职场的责任归属等，或者强行把你和某个事项联系在一起。

这时候，你可以立即撇清自己与对方或相关事项的关系。撇清关系就是划清界限，明确自己的边界，这也是在提醒对方不要越界。

撇清关系法的核心逻辑是，你说的只是你的想法，跟我有什么关系呢？

撇清关系法的常见话术如下。

- 这件事跟我/你有什么关系？
- 我没有义务为你的想法负责。
- 你怎么想与我何干？
- 这只是你的观点而已。
- 你说来说去，好像我会在乎似的。
- 这是你的理解，我可没这么说。
- 谢谢，我自己会做决定。我的事情我自己处理，就不劳烦您费心了。
- 感谢关心，不过这是我自己的事情，不需要跟你讨论。
- 我乐意，这是我的风格，妨碍到你了吗？
- 我很清楚自己在做什么，不需要你给我提意见。
- 抱歉，我没法跟一个思想奇怪的人沟通。
- 你有权利这么想，我也有权利那么做。

情境1

对　方： 如果这个项目失败了，就是因为你不够投入，你要为公司的损失负责。

回　应： 项目失败可能会出于多种因素，包括一些我们都无法控制的外部条件。再说这个项目又不是我一个人做，我理解您的失望，但这显然不能全部怪在我头上。

情境 2

对　方： 如果你真的在乎团队，你就应该加班完成这个工作。

回　应： 我是否在乎团队，和我是否加班之间有什么关系？

情境 3

对　方： 你很有潜力，我很看好你。我来和你一起规划你的职业发展道路吧。这件事不用急……那件事你还要等一等……

回　应： 谢谢你的好意，我愿意听取你的建议，但我自己的职业发展规划还是由我自己来做吧。

情境 4

对　方： 为什么你总是让我失望？

回　应： 你感到失望是因为你自己的期望，这跟我有什么关系呢？你控制不住自己的感受是你的事，为什么要跟我联系在一起？你如果觉得我让你失望，离开我不就好了？

情境 5

对　方： 我为你付出了很多，放弃了很多，你至少也要……

回　应： 你的付出和放弃又不是我要求或强迫你的。我为什么要因为你做了什么而相应地做什么？你不能因为自己的主动选择就对我道德绑架吧。

情境 6

对　方： 你们是怎么做父母的？这样做父母可不行啊。

回　应： 我们怎么做父母是我们家的事，跟你有什么关系？

情境7

对　方： 咱们合作这么久了，你就这么对我吗？

回　应： 感谢你之前对我工作的支持，但一码归一码，我有我的原则和底线，我也已经把我能给你的最大优惠告诉你了，再降价的话，我就赔钱了。

情境8

对　方： 咱俩认识这么久了，我的为人你还不知道吗？我都向你保证了，一定会还你钱的，你怎么能不相信我呢？

回　应： 我相不相信你的为人和我要不要借你钱之间有什么关系呢？就算我完全信任你，也不代表我一定就要借给你钱吧。

情境9

对　方： 你是我们整个项目计划的关键一环，必须今天就行动。

回　应： 你的项目计划跟我有什么关系？又不是我要求你让我加入这个项目计划的。

情境10

对　方： 时间很紧迫了，如果你现在不投资，就会错过这一生最好的机会。

回　应： 你的紧迫感跟我有什么关系呢？我需要根据自己的节奏做决定。这是一个重要的决定，我需要更多时间来考虑。

情境11

对　方： 我们现在是在做公益，做慈善，是帮助别人，每个人都在做贡献，你怎么能不有所表示呢？

回　应： 我当然也希望为慈善事业尽一份力，但这不等于我就一定要买你的产品啊。做公益和做慈善的方式有很多，我为什么一定要通过买你产品的方式来做呢？

撇清关系法通过划定界限、明确界限、维护界限强调属于自己的自主权。要想有效实施这种方法，需要具备一定的独立思考能力。

应用这种方法的时候注意，刚开始的时候可以保持礼貌、冷静和尊重的态度，尽可能用善意的方式沟通，维护良好的人际关系。

如果你确认对方在实施 PUA，同时对方还在进一步跨越你已经设定好的边界想要操控你，这时候可以严词以对。

2.2.5　延伸推演法：借逻辑漏洞转守为攻

延伸推演法是一种根据对方的言论进行演绎推理，进一步推导、阐述其言论的意图或后果，以此揭示其言论的不合理性或操控本质的反 PUA 策略。

延伸推演法有点像中国功夫中的太极推手，并非主动出击，而是等对方"攻"过来的时候，借力打力，顺势使力。

当对方试图通过评价、质疑对你实施 PUA 时，你可以利用对方的逻辑漏洞，反过来推导出对自己有利的结论。

当你开始做延伸推演时，对方为了避免被误解，常常会进一步对其言行做出解释，这时候你再继续做延伸推演，可能会让对方的意图昭然若揭。

延伸推演法的常见话术如下。

● 如果按照你的逻辑，那……

- 就算是这样，那又怎么样呢?

- 你很懂是吧? 那你做啊。你不做，又在这儿发表意见，是什么意思?

- 你总说不行，从来都没试过，怎么知道不行呢?

- 你有没有注意自己在说什么? 你的话能说服你自己吗?

- 我听完你说的，感觉你的话好像没有说服力。

情境1

对　方: 你现在不适合休假，你休假了，项目怎么办呢? 这里需要你。

回　应: 按照您的这个说法，我如果休假了，项目是不是就黄了? 公司是不是就关门了?

情境2

对　方: 优秀的管理者能够独立处理各类难题，驾驭任何困难。

回　应: 既然是优秀的管理者，就没必要追求独立处理难题或困难吧? 把团队聚在一起面对难题或困难不是更好吗?

情境3

对　方: 你不听我的意见，说明你不懂团队合作，没有团队精神。

回　应: 所以您的意思是，团队合作意味着必须在所有事情上都听您的是吗? 所以提出不同意见不是帮助团队避免盲点，做出更好的决策，而是不懂团队合作是吗?

情境4

对　方: 你都不关心我的需求，只关心自己，我觉得你这个人太自私了。

回　应: 你的意思是，关心自己的需求就等于自私吗? 那我们是不是都没有权利在意自己的感受？你说我自私，是因为你的需求没有得到满足，那我能不能说你也是自私的呢？

情境5

对　方： 一个真正爱我的人是不会这样做的。

回　应： 一个真正爱我的人也不会对我说这种话。一个因为小事而轻易评价伴侣的人，可能很偏激。

情境6

对　方： 你给孩子吃这个怎么行呢？这个东西没有营养，对孩子身体不好。

回　应： 你想表达你比我更在乎我的孩子吗？还是想表达我在故意伤害我自己的孩子？

情境7

对　方： 我们那个地方的传统都是这样的，大家都是这么做的，也都过得挺好的，你有什么不适应的？

回　应： 大家都这样做，我就也要这样做，不能不适应，那要是他们做了什么不好的事，我也要跟着做吗？

情境8

对　方： 你陪伴孩子学习的时间太少了，你看看小明的妈妈，她每天都陪孩子学习 4 个小时。

回　应： 陪孩子时间长就是好妈妈吗？你知道她是怎么陪孩子的吗？

情境9

对　方: 你如果是个仗义的人,今天就把钱借给我。

回　应: 借给你钱就是仗义,不借就是不仗义,你是把我当朋友还是单纯想借钱?

情境10

对　方: 这个千载难逢的好机会每个人都在抢,错过了你会后悔的。

回　应: 所以你的意思是,每个人都在抢的机会就一定是好机会吗?如果一个机会人人都能发现,那它还能叫机会吗?

情境11

对　方: 你如果再使用某个产品,你和家人的健康就有可能受到严重威胁。要想提高你和家人的健康水平,就得使用我们的产品。

回　应: 按照你的说法,所有使用那个产品的人都会深受其害,那现在医院不是应该已经人满为患了吗?你们的产品那么好,理应人尽皆知才对,怎么我和周围的朋友从来没听说过呢?

情境12

对　方: 我知道你可能现在觉得不需要,但是你想想我之前跟你推荐过的东西,是不是从长远来看都对你有益?所以你就放心购买吧。

回　应: 如果每个对我有益的东西我都要买,那我是不是要把大半个地球都买下来?

有效实施延伸推演法需要一定的逻辑推理能力,要快速找到对方的逻辑漏洞，顺着对方的话一步一步往下推理。

延伸推演法有助于你理清楚思路，判断对方到底是不是在实施PUA，或发现对方PUA策略背后的套路。

2.2.6　反向PUA法：用对方的策略打败对方

反向PUA法是一种用PUA的策略来反向应对PUA的方法，可揭露对方言行的不合理性或操控本质，并保护自己不受其影响。

这种方法需要智慧和反应机敏，目的在于通过反向操作、言语暗示或矛盾指出，使对方意识到其言行的不合理和不公正之处，控制对话的主动权。

反向PUA法也就是武侠小说中的功夫"斗转星移"，"以彼之道，还施彼身"，可以用与对方不同的PUA策略，也可以用与对方完全相同的PUA策略。

反向PUA法并没有特别固定的套路，只要能拿回主动权，让自己变被动为主动，都是可以的。

反向PUA法的可能话术如下。

- 很抱歉，你这样伤害了我。
- 仅仅因为这样，你就可以这样对我？
- 你看问题的角度真独特，你总是这么与众不同。
- 我又不像你那么厉害，会未卜先知。
- 我没你聪明，你教教我呗。
- 我太幼稚了，幸亏有你在，所以这个工作你来做吧。
- 哇，那你真挺厉害的，那你来牵头负责吧。
- 我只是说出我的想法罢了，选择权在你，不过你应该知道什么对你好。

情境1

对　方： 如果你完不成这个目标，说明你不适合这个职位。

回　应： 如果这是您的标准，那我觉得这里不是一个健康的工作环境，我可能不适合这里。

情境2

对　方： 你最近表现得不是很努力，工作不是很到位，我觉得你可以做得更好。

回　应： 谢谢您的提醒，我内心是非常想做好工作的，也许是因为我加班太多，身体太累了，才会导致工作效率低，您看我请3天假休养一下可以吗？

情境3

对　方： 优秀的人才懂得和团队成员无缝合作，但你好像更喜欢单打独斗。

回　应： 如果通过团队合作能提高效率并拿到高薪，谁会拒绝呢？但如果一个人做事效率和收益更高，那就尴尬了。要不您给我涨薪，把我预期收益差的钱补齐了，这样您说什么我就做什么。

情境4

对　方： 如果你真的爱我，你就应该按照我说的做。

回　应： 难道爱就意味着要无条件服从吗？如果早知道你这么定义爱，或许我会重新考虑我们的关系。

情境5

对　方： 如果你做了这件事，那我们的关系就此结束了。

回　应： 如果你因为我做了这件事就觉得我们的关系应该结束，那我觉得你不是真的爱我，你只是想伤害我。

情境6

对　方： 我今天回来晚了是因为遇到一个异性朋友，觉得这个人很棒，我们聊了很久，顺便在一起吃了个饭。

回　应： 哦，没关系，正好过段时间我也有个大学时期的异性朋友要来我们这个城市玩，我带他转转。

情境7

对　方： 只有傻瓜才会错过这次合作的机会。

回　应： 你这么聪明的人，怎么会有这么极端的想法呢？

情境8

对　方： 你不能把这个项目的事告诉别人，这是我们之间的秘密。

回　应： 放心，就咱俩这关系，我谁都不会告诉的。我这么相信你，你可不能骗我，我如果发现你说的事就是一场骗局，我会非常伤心的，万一做了傻事就不好了。

情境9

对　方： 投这个项目不仅能赚钱，还能造福全人类。

回　应： 是吗？可是我只想造福全人类，不想赚钱。你品格这么高尚的人，怎么还想赚钱的事呢？我还是直接把钱捐给慈善机构吧。

（情境10）

对　方： 大家都在买这款产品，你现在不买，一定会后悔的。

回　应： 你身为这款产品的销售人员说话这么不客观，这让我十分怀疑这款产品究竟好不好。

（情境11）

对　方： 这个价格只有在这个时间段有，过了今天，你就再也享受不到这个价格了。

回　应： 没关系的，你这个价格远高于我的预期，我今天是不会买的。如果将来有比这个更低的价格了，你再联系我。

（情境12）

对　方： 这是限量款，一旦卖完了，就再不生产了，这是最后一件。

回　应： 哦，我最不喜欢的就是限量款，不知道的人还以为我用的是仿品呢。我喜欢经典款，大家都认识，也都知道怎么看防伪标识。

　　注意，向对方使用PUA是为了应对对方的PUA。反向PUA法的关键词是"反向"，而不是"PUA"。毕竟，PUA暗含着恶意控制的潜台词。"积善之家，必有余庆；积不善之家，必有余殃。"

2.3　修复创伤：从PUA的影响中恢复

　　除让人在财务上可能遭受损失外，PUA的可恨之处还在于其可能导致被影响者出现情感或心理创伤。从 PUA 的影响中恢复既是一个克服过去的伤害的过程，更是一段自我成长和发现的旅程。在这个过程中，你可以发现自己更强大、更完整的一面，学会接纳自己，成为更好的自己。

2.3.1 重建自尊心：恢复自我价值感

从 PUA 的负面影响中恢复，首先要及时止损，坚定地与伤害你的人划清界限；其次要重建自尊心和自我价值感。这个过程刚开始也许会比较艰难，但通过一些具体策略和行动，你可以逐步重塑自我认识，恢复内在的力量和自信。

1. 给自己设置一个生活小目标

这些目标最好符合 SMART 原则，即具体的（Specific）、量化的（Measurable）、可以达成的（Attainable）、与自己相关的或对自己有益的（Relevant）、有时间限制的（Time–Bound）这 5 个方面的原则，同时又不会让你感到有较大压力。

例如可以是这样的。

- 每天写日记。
- 每天读书 30 分钟。
- 每天写下 3 件让自己感恩的事。
- 每周至少进行 3 次体育锻炼。
- 每周到养老院或孤儿院做 1 天的义工。
- 每月学会烹饪 4 道新的菜式。
- 每季度学会一项自己感兴趣的技能。
- 用半年时间学习一门外语。

- 用 1 年时间学习并考取一个对自己职业发展有益的证书。
- 为家里的房间做一次小的升级改造。
- 规划和执行一次到某地的自驾旅行。
- 学习基本的自我防卫技能。
- 改善一个生活习惯，比如减少喝咖啡或早睡。

别把这些小目标变成摆设，制定出小目标后，接下来就要让自己行动起来，去完成这些小目标。每完成一个小目标，都有助于你改变对自己的看法，这些成功的经历还会增加你的自我效能感，让你更加相信自己的能力。

2. 投入到自己喜欢的活动中

如果不想让自己有任何压力，可以将时间和精力投入到你喜欢的活动中。这些活动最好能让你感觉到放松或享受。

如果你没有兴趣爱好，可以借此机会探寻或培养一个兴趣爱好。这样既能让自己从 PUA 的影响中恢复，又能对自己有益。

例如可以有这样的兴趣。

- 瑜伽：通过体位练习和呼吸控制来提高身心健康水平。
- 园艺：接触大自然，培养生命力。
- 绘画：通过色彩和线条表达内心世界。
- 摄影：捕捉生活中的美好瞬间，培养观察力。
- 烘焙：学习制作面包、蛋糕等，这在享受成果的同时也是一种放松。
- 料理：探索不同文化的料理，拓宽味觉。
- 陶艺：通过塑造泥土，发现创造的乐趣。
- 写作：无论是写日记、短故事还是诗歌，写作能够帮助你表达自己的情感。

- 编程：学习编程不仅能增强逻辑思维能力，还可能开启新的职业道路。
- 舞蹈：通过舞蹈来表达自己，同时跳舞也是一种很好的体能训练方式。
- 游泳：放松心情的同时锻炼身体。
- 乐器：学习吉他、钢琴等乐器，享受音乐带来的乐趣。
- 制作模型：如拼装模型飞机或汽车，培养耐心和专注力。
- 书法：练习书法，享受文字的美。

这些活动可以帮助你从内心深处找回快乐和满足感，不仅可以为你提供乐趣或让你放松心情，还能让你与自我连接，感受到自己的价值。

让自己全情投入，真正享受在这些有益的活动中，你会发现，你的开心快乐可以不必基于外部评价或别人的看法。

3. 做一些能给自己带来正能量的事

除生活小目标和兴趣爱好之外，其实生活中还有很多有益身心的小事。多做做以下这些小事，可以让自己充满正能量。

- 洗个热水澡，泡个温泉浴，让热水多冲刷一下自己，洗去一身的疲惫。
- 每天起床后对着镜子说正能量的话，比如"我值得被爱"。
- 到大自然中，多晒晒太阳，光着脚踩在草地上，抱一抱大树，闻一闻花香，看一看动物。
- 到河边露营，抬头看看天空，光脚踩在鹅卵石上，感受水的流动。
- 找几个正能量满满的朋友，和朋友们一起聊天、旅行，感受朋友的正能量。

- 回家看看自己的长辈，抱一抱亲属家的小朋友。
- 给家里来一次大扫除，扔掉那些能勾起自己不好回忆的东西或对自己没用的东西。
- 理个发，换个新发型。
- 买身新衣服，试试新穿搭，尝试一个自己没试过的新造型。
- 把不穿的、没用的衣物捐赠出去。

做这些小事时要注意让自己的注意力聚焦，在一段时间内，专心只做一件事。

每个人都有强项和弱项，都有优点和缺点，接受自己的弱点，理性看待自己过去的错误，学会接纳自己的不完美，你能重新发现自己的力量和光芒。

人的成长本身就是一个不断犯错、不断学习的过程。看清楚自己，给自己一些时间，相信每一步都在向着更好的自我迈进，你终将变成更好的自己。

2.3.2　健康边界：用拒绝屏蔽干扰

重建自尊心，恢复自我价值感后，接下来要锻炼自己对 PUA 的屏蔽力，建立和维护健康的人际边界，让自己从 PUA 的影响中恢复。

要构建屏蔽 PUA 的能力，就要学会坚定地说"不"。拒绝那些可能对我们造成伤害的人和事，这也是维护边界所必须的。

学会说"不"，是内心强大的开始。

说"不"并不是件容易的事，它需要勇气、自信，以及对个人界限的清晰认识。很多人因为不想引起冲突或让别人失望而违背自己的意愿，实际上是在牺牲自己的感受和需求。

不会说"不"，可能在较长时间内导致内心的不满和压力积累，使人更容易再次受到 PUA 的影响。

1. 从小事做起

很多人在大是大非面前懂得说"不"，但在很多生活的小事中却不懂。"不积跬步，无以至千里；不积小流，无以成江海。"

学会说"不"，要从生活中的点滴小事做起。懂得拒绝生活中的一些小事，在面对更重大的决定时，才能够更有信心去维护自己的界限。

例如，当朋友邀请你参与你不感兴趣的活动时，可以试着礼貌地拒绝；或者当有人请你帮忙，而你实在抽不出时间或精力时，也可以礼貌地拒绝对方。

礼貌地拒绝有一些策略，可以事先为自己想一些拒绝的理由或话术，例如可以像下面这样说。

- 非常感谢你的邀请，但我这段时间真的很忙，无法参加。
- 太好了，我也很想参与，但因为健康原因，我只能拒绝了。
- 我现在正好在忙别的事，很遗憾无法参与了。
- 我真的很荣幸，但不得不说，我现在因为家庭原因不能承担这个任务。
- 这听起来是个很好的机会，不过我必须先处理一些其他事情。
- 谢谢你的提议，但我现在需要优先考虑我的家庭。
- 我很尊重你的提议，但经过深思熟虑，我决定不参加。

每次成功拒绝别人后，花点时间反思和体会这对你来说有什么益处。也许你会发现自己有更多的时间和精力去做自己真正关心的事情，这将进一步增强你拒绝别人的决心和自信心。

很多人在刚开始说"不"的时候，会感到内疚或自责。这时候要认识到，设立界限是健康关系的基础，支配自己的时间和精力是每个人的权利。

每次你感到内疚时，提醒自己你的感受和需求同样重要。为了鼓励自己，你可以在每次成功地说"不"后，给自己一点小奖励或内心中的小认可。

2. 明确表达拒绝

拒绝可以委婉，但要清晰。

有的人为了减少矛盾或冲突，选择婉转表达，但表意不明，让对方误解了自己的意图，留下了让对方觉得可以回旋的余地。

在拒绝对方的时候，要注意用词清楚、明确、直接，一般不需要提供长篇大论的解释，简单明了地表达你的立场即可。

首先，拒绝对方的词汇要精确，避免使用可能让人误解你意图的模糊语言。

例如，避免使用"也许""可能"这类词汇，因为它们会让人觉得你还没有想好，还有商量的余地。相反，可以使用"一定""肯定""必须"这样的表达，清晰地传达你的决定是经过深思熟虑的，不用再商量了。

其次，保持语气礼貌的同时，要让对方感受到坚定。维持平和且礼貌的语气有助于降低对方产生防御反应的可能性。然而，语气也需要足够坚定，以传达你的决定不容更改。

另外，你其实不需要过多的解释。简短的解释有助于对方理解你的立场，但过多的解释可能会削弱你的拒绝态度，让对方认为有改变你的决定的空间。而且，过多的解释也可能让对方发现你的破绽，这会让你陷入不必要的抠细节和辩解中。你可以多练习用一两句话直接表达拒绝，让习惯成自然。

即使你已经明确且礼貌地表达了你的拒绝，有时对方可能仍会感到失望或不理解。这时候要保持冷静，如果需要，可以重申你的立场，但无须进一步解释或辩解。

3. 坚定维护界限

允许有人不喜欢你，尊重那些不喜欢你的人。但行善事，问心无愧，剩下的交给时间。

不论是私人生活还是工作场合，坚定地表达自己的界限，不拖泥带水地拒绝，是尊重自己的表现，也是尊重别人的表现。

每一次你勇敢地表达自己的界限，实际上都在强化对自己的价值和需求的认可。然而，这个过程可能并不容易，尤其是当外界对你的决定提出质疑或向你施加压力时。

界限可以保护你免受心理伤害，帮助你保持人格独立、完整，维护你的自尊心，是健康人际关系的基石。每次坚定地说"不"，都是在向自己和他人宣告你的需求和感受很重要。

面对压力和质疑要保持坚定，回归到对自我价值的认识上来。你要学会对自己负责，而不是只满足别人的期望。

不自卑，不自傲，不盲从，积极的心态就是最好的状态。

通过以上方法，你将培养出说"不"的能力，更好地维护自己的界限，保护自己免受不必要的干扰和伤害。

说"不"并不意味着你是一个不愿意帮助别人的人，而是你在尊重自己的同时，也在告诉周围的人应该尊重你。随着时间的推移，你会发现自己在维护个人界限方面变得更加自然、自信和坚定。

2.3.3　支持系统：重建社交自信心

人可以被一些人伤害，人也可以被另一些人治愈。有的人会把你推入火坑，也有的人会把你从火坑里拉出来。

从 PUA 的影响中恢复时，愿意支持你的伙伴能够成为你极其宝贵的资源，成为你的支持系统。这些伙伴可以提供情感的慰藉、实际的建议，以及让你从 PUA 的影响中恢复到不可或缺的健康的人际关系中。

亲密的家庭成员、值得信赖的朋友或同事、经历相似的人都可以成为支持自己的伙伴。识别出那些能为你提供积极支持和理解的人，让这些人成为你坚实的后盾。

1. 开放的沟通

把心里的苦闷全部说出来，你会发现痛苦可能已经少了一半。

识别出身边那些你信任并感到与之交谈让你舒适的人。这些人应该能够无条件支持你，并愿意倾听你的想法和感受。

患难见真情，在你曾经困难的时候给过你支持和帮助的人通常是比较可靠的。如果你感觉心里不舒服，可以主动与这些伙伴沟通，不要等到事情变得难以承受时才寻求帮助。

分享经历的过程可以帮助你理清思路，让你看清楚自己正在经历什么，加深你对 PUA 的理解，也可以帮助你获得更好的支持。

如果你发现某个人特别理解自己或能够帮助自己走出阴霾，可以多和这个人接触；如果你发现某种沟通方式特别适合自己，可以多采用这种方式沟通。

对于那些给予你支持和理解的人，不要忘记表达你的感激之情；就算对方说的话你不完全同意，也要保持开放和尊重的态度。

2. 参与社交和团体活动

积极参与社交和团体活动可以帮助你改善情绪，让你走出 PUA 的阴霾，重建你对人际关系的信任。在这一过程中，你有机会重新连接社会，加入社群，探索和重燃个人兴趣。

你可以试试加入一些运动俱乐部，例如跑步俱乐部、足球俱乐部。运动不仅有助于促进身体健康，还能改善情绪和增强自信心。

团体类的运动能让你在保持活力的同时结识志同道合的人。共同的活动目标和团队精神有助于建立新的友谊，同时提供一个积极的社交环境。

通过参加团体活动，你可以逐渐建立起属于自己的社交圈。也许刚开始的时候会有些困难，但只要保持开放和积极的态度，主动参与，总能找到新的朋友。

你也可以试试做一些志愿服务，这会让你感到自己的行为是有意义的，帮助你从自我中心的思考模式中解脱出来。用温暖回馈社会，你也能感受到社会的温暖。

参与这些活动既是社交的过程，也是自我发现和自我重建的旅程。在走出 PUA 的阴影后，重新定义自我、发现新的兴趣和激情，以及建立支持性的人际关系，都对恢复正常生活至关重要。

让自己沉浸在积极的活动和环境中，可以帮助你重塑自我认同，找回生活的方向和意义。走出自我封闭圈后，每一步都是向前的，每一个新朋友、新兴趣都是你从过去向未来迈进的重要一环。

3. 寻找专业支持

必要的时候，可以寻求心理咨询师、心理医生等专业人士的帮助。有一些专注于解决心灵创伤的个人或机构说不定也能帮到你。

互联网上也会有针对不同情况的"受害者联盟"，其可以为那些受到类似伤害的人提供一个友好的环境，让成员能够分享自己的故事、感受和恢复过程。

一旦找到适合你的团体，要主动参与，积极去参加集体活动。虽然一开始你可能会感到害羞或不安，但团体中的其他成员都有着与你类似的经历，你在团体中是能够被理解的。

在团体中，你的分享可以帮助自己复盘，也可以给予其他成员安慰和希望。倾听团体成员的经验和感受，你会发现他们的故事能让你产生共鸣，或者他们的恢复之路能给你灵感。

试着与团体成员中与自己合得来的人成为朋友。这一方面可以帮助你更好地参与团体活动，另一方面也可以让这个朋友成为你生活的支柱。

即使你开始感到心情好转或者完全恢复，也可以继续参与团体活动。通过帮助别人，你可以恢复，也可以获得成长。

经过前面的 3 步，你就已经建立起属于自己的支持系统了。随着时间的流逝和个人成长的需要，这个支持系统的构成和功能也需要相应地调整和扩展。

你可以定期反思自己的支持系统是否能够满足自己当前的需求。随着你的心情持续恢复，你的需求可能会发生变化，你的支持系统也需要相应地适应这些变化。

随着时间的推移，一些关系可能会变得更加重要，而其他的则可能不再那么符合你的需求。通过维护和适时扩展你的支持系统，你可以确保身边总是有能帮到自己的人。

通过培养这样一个多元化的支持系统，你能够在 PUA 的创伤恢复中得到必要的支持和鼓励，能够重新发现社交的乐趣和人际关系的价值。

　　人是社会型动物，你不需要一个人扛下所有。建立好自己的支持系统，拥有和自己共进退的伙伴，你会发现自己并不孤单。

第 3 章

反职场 PUA

职场是 PUA 的"重灾区"，很多职场人为了达到有利于自己的目的，每天辗转腾挪，想方设法 PUA 别人。职场中的 PUA 通常分成 3 类，分别是上级对下级的 PUA，同级（同部门同事、跨部门协作或项目协作同事）之间的 PUA 和下级对上级的 PUA。

3.1 上级对下级

职场中，上级 PUA 下级比较常见的情境有 6 类，分别是上级威逼利诱下级加班，且可能不支付下级加班费；有了功劳归上级，失败时却把责任推给下级；上级威胁下级的职位不保；上级对下级"画大饼"，开空头支票；上级不明确下级的任务要求和工作标准，或上级朝令夕改，以便任意贬低下级；上级明明专业能力不如下级，却非要向下级显示权威。

3.1.1 捍卫休息权益：反"被以各种形式要求加班"

有些上级打着追求高绩效的名义，经常通过明示或暗示强制下级加班。有些上级设置下级无法完成的目标，让下级疲于奔命，被迫加班。有的公司在员工加班后不支付加班费，导致员工承受极大的压力和不公平待遇。

1. 常见情境

- 临时增加任务：上级在下班前突然分配大量紧急任务给下级，理由是客户有需求，暗示如果不能完成就是下级工作态度有问题。
- 强调加班文化：上级通过言辞暗示或直接表扬那些经常加班的员工，使不加班成为一种不合群的行为。
- 模糊工作范围：上级故意将员工的工作范围设定得模糊不清，以便任何时候都可以要求员工做超出职责范围的工作，导致加班成为常态。
- 先拖延后着急：本来可以按时完成的工作，上级却借故拖延，导致工作积压，在最后关头急躁地要求下级加班赶工，以实现按期完成。

2. 应对策略

面对上级不合理的加班要求，下级可以先明确工作时间，懂得合理拒绝，与上级保持友好的沟通交流，注意记录自己的工作时间，学习相关法律法规，必要时寻求外部支持。

- 明确工作时间：提前与上级或人力资源部门沟通，明确工作时间和加班政策，确保自己的权益得到保障。
- 懂得合理拒绝：在不影响工作质量和公司利益的前提下，学会合理拒绝超出自己能力或时间范围的加班要求。
- 保持友好沟通：与上级保持开放友好的沟通，说明自身情况，表达自己的困难，尝试寻找更合理的工作安排和解决方案。
- 记录工作时间：详细记录自己的工作时间和加班情况，特别是完成的任务和投入的时间，以便在需要时作为证据。
- 学习相关法律法规：学习劳动法中关于加班和加班费的规定，必要时寻求法律援助，保护自己的合法权益。
- 寻求外部支持：如果个人沟通无效，可以寻求同事的支持，或者向人力资源部门、工会、当地人社部门寻求帮助，以共同应对不合理的加班要求。

3. 典型话术

上　级：（周五下班前布置任务）周一早上我们要去见大客户，这个方案决定着是否能将大客户拿下，从而影响你的收入。周末你可得好好准备方案。

回　应：谢谢您栽培我，不过不好意思，我周末已经安排了 ××

事，已经预约了，改不了，实在没有时间做方案。就算周末我不睡觉，劳累工作赶出来的方案效果也不会好。我可以周一早晨早点来上班做。

> **解析：** 首先表达感谢，以合理的理由拒绝，再提出一个自己能接受的弥补方案。

上　级： 下班用手机处理工作信息不都是顺手的事吗？有什么好计较的？你现在这种情况根本就不算加班。

回　应： 如果是临时帮公司应急当然是可以的，但您要是非说这不算加班，那我心里可就非常不舒服了。下班后私人时间被工作占用就算加班，这种事司法机关已经有判例了。您要是不确定，要不我给劳动监察部门或劳动人事争议仲裁委员会打个电话确认一下？

> **解析：** 说明上级的事实错误，告诉上级你懂法律，而且你知道如何运用法律武器保护自己合法的劳动权益，让其知难而退。

上　级： 年轻人要多吃苦，年轻时吃苦，老了才能享福。

回　应： 确实，我也认为年轻人应该多吃苦，但年轻人不能为了吃苦而吃苦，也得搞清楚吃苦是为了什么，考量吃苦的价值。如果吃苦之后能让自己成长，那确实应该吃苦。但如果吃苦后什么也得不到，那怎么享福呢？

> **解析：** 拆解上级的逻辑错误。

上　级： 不就是加了会儿班吗？至于吗？

回　应： 加班不是不可以，但也要看性价比。这已经是我这个月第3次无偿加班了。我来应聘的时候，咱们公司可没说这个岗位的员工需要做义工。

> **解析：** 暗示当前的问题不是加班，而是加班却没有加班费。

上　级： 我生孩子前一晚还在给上级做 PPT，你们现在做的这点工作算什么。

回　应： 您太优秀了，能力越大，责任越大，所以您能升职。我没法跟您比，只能尽力而为。

> **解析：** 上级通过抬高自己来贬低你，希望勾起你的胜负欲，你也可以顺势抬高上级，贬低自己，从而拒绝额外工作。

上　级： 把这些工作做完再下班！

回　应： 对不起，现在已经过了下班时间很久了，我家里还有事，必须要走了。

> **解析：** 上级逼迫或强压你加班，如果你不想加班，可以直截了当地说明理由离开。最差的结果就是上级处处刁难你、逼迫你离职，但不要怕，只要你够优秀，你就值得拥有更好的工作机会。你也可以向更高级领导反映你上级的问题，而且你永远可以用法律武器保护自己。

3.1.2　保障公正评价：反"没功劳却为失败'背锅'"

职场中常会遇到这种情况，成功时，上级想把功劳更多地归于自己；失败时，却试图把责任全部推给下级。

有功时，上级强调自己对团队的价值，让下级觉得自己可有可无，降低下级的自我效能感。有过时，上级强调下级执行不力，挑下级的毛病，让下级觉得错在自己，自我否定。

1. 常见情境

- 功劳归功上级：有了工作成果后，上级在向更高层汇报时只强调自己的领导作用，不提团队成员的辛苦付出和贡献。
- 缺乏公正评价：在绩效评估中，上级只提及自己的正面贡献，将所有不利的情况都与下级相关联。
- 逃避管理责任：面对客户或高层的质疑时，上级为了保全自己，不惜牺牲下级的利益，将问题全部归咎于下级。

2. 应对策略

面对上级一遇到问题就推卸责任的情况，要注意保留与上级的沟通记录，平时主动汇报工作，一有机会就向更多人展示自己。有时候同事可以帮到你，有时候具备监督检查职责的部门也可以帮到你。

- 留好沟通记录：日常工作中尽量保留好与上级的沟通记录，例如电子邮件、聊天记录、通话录音等。
- 主动汇报工作：定期向上级、客户或相关方汇报工作进展和成果，确保自己的贡献被更多人看到。这不仅可以增加工作透明度，还可以在问题出现时有据可依。
- 抓住展示机会：在有更高层参与的会议上，主动展示自己的工作成果和为团队工作做出的贡献。
- 寻求横向支持：与同事建立良好的关系，互相支持和认可对方的工作。在面对不公平待遇时，同事之间的相互支持可以形成更有力的声音。
- 寻求外部帮助：当上级的行为严重影响工作环境和个人权益时，可以向人力资源部门、总经办、风控部门等具备监督检查职责的部门反映情况，寻求解决途径。

3. 典型话术

上　级： 今年业绩差，团队的绩效都让你耽误了。

回应1： 如果我对团队来说那么重要，为什么我只是个普通员工呢？

> **解析：** 用延伸推演法指出上级的逻辑问题。

回应2： 按照这个逻辑，以前团队绩效好的时候，功劳应该全部是我的喽？

> **解析：** 用延伸推演法指出上级的逻辑问题。

回应3： 咱们团队的一切成果不都源于您的带领吗？

> **解析：** 直接指出上级的事实错误。

上　级： 团队的工作没做好，一切都是因为你。

回应1： 我这么重要，是不是工资也应该是团队里最高的？

> **解析：** 用延伸推演法指出上级的逻辑问题。

回应2： 您说得好像团队的工作全都是我一个人做的，如果是那样，还要团队其他人做什么呢？

> **解析：** 用延伸推演法指出上级的逻辑问题。

回应3： 团队业绩不好，我肯定是有部分责任的，但如果把全部责任都扣我头上，我可承担不起。

> **解析：** 讲清楚事实。

上　级： 现在的失败全部都是因为你的工作失误。

回应1： 我是一丝不苟按照您的要求做的呀，怎么现在成我的工作失误了？

> **解析：** 直接指出上级的指挥责任。

回应2： 有失误我认，但我没有失误硬说我失误，我可不背这个锅。

> **解析：** 直接指出上级的错误评价。

回应3： 如果我有失误，我可以负责，但仅限于我的失误本身，您说全是因为我的工作失误导致失败，请您拿出客观证据。

> **解析：** 要求上级证明自己的判断。

上　级： 咱们团队今年项目完成得不错，这都是因为我领导有方。

回　应： 火车跑得快，全靠车头带。以后的工作，领导您可要多多承担啊。

> **解析：** 上级既然不承认下级的贡献和价值，把所有功劳都说成是自己的，那就把更多的工作和责任推给上级。

3.1.3　应对职业威胁：反"暗示不努力会被取代"

为了激励下级加倍努力工作，或让下级服从自己，上级可能会刻意制造职业威胁，让下级产生焦虑情绪、恐惧感、紧迫感和危机感，也就是本来没有危机，上级硬要把职场说得危机四伏，故意让下级惴惴不安。

1. 常见情境

- 绩效反馈暗示：在个人绩效评估中或者在一对一的谈话中，上级暗示如果下级不提升当前的工作表现，他很容易找到替代者。
- 警告全体成员：上级对所有成员说，市场上有很多优秀人才，他们可能薪酬水平要求更低，暗示大家的位置都不稳固。
- 工作分配威胁：在分配工作任务时，上级暗示下级只能通过这次机会证明自己，否则公司可能会考虑换人。
- 比较产生压力：上级讲述某同事的优秀和努力，暗示下级如果不努力跟上，可能得不到应有的回报，甚至被淘汰。

2. 应对策略

面对职业威胁，先要保持冷静专业的态度，尝试寻求明确的反馈，记录下沟通内容，平时要注意持续提升自己，构建好自己的人际关系网络，有备无患。

- 保持冷静专业的态度：不要让上级的威胁影响到自己的情绪和工作表现。
- 寻求明确反馈：向上级寻求具体和明确的工作表现反馈，了解需要改进的具体领域，而不是仅因为一种模糊的威胁而感到焦虑。
- 记录沟通内容：如果上级的威胁变得过于频繁或不合理，可以考虑与公司内部监督检查部门沟通这一情况，并记录下所有相关的交流内容。

- 持续提升自我：利用业余时间提升自己的技能和知识水平，增强自己的职场竞争力和价值，这样就算不做当前的工作，也可以找到更好的。
- 构建人际关系网络：构建和维护自己的职业人际关系网络，这样即使真的面临被取代的情况，也能有更多的职业机会和选择。

3. 典型话术

上　级： 你看看人家 ××，那么优秀，你要学着点。听说公司最近要裁员，如果裁员，一定会先裁掉那些不够优秀的人。

回应 1： 如果公司裁员的标准是先裁掉那些不够优秀的人，那我应该是安全的。

> **解析：** 暗示你知道自己很优秀，不怕上级的威胁。

回应 2： 谢谢您的提醒，我很清楚自己是否优秀，至于别人觉得我优不优秀，这个我也控制不了。如果公司真的先把我裁掉了，那只能说这是公司的损失。

> **解析：** 暗示自己实际上很优秀，是上级故意不承认或不认可自己的优秀，同时暗示自己不吃这一套。

上　级： 又到毕业季了，这么多优秀的大学毕业生涌入人才市场，你感受不到危机吗？

回　应： 哦，我不担心，优秀毕业生确实很多，但就咱公司这工资水平，恐怕很难吸引优秀人才投简历。

> **解析：** 暗示自己没有因为公司的工资水平低而离开，还留在这里工作，已经是为公司做贡献了。

上　级: 最近收到很多优秀人才的简历,你再不努力工作,岗位可能不保。

回　应: 瞧您说的,大家都是双向选择,好像你可以随便挑似的,不得人家能看上咱们吗?优秀人才很多,但大家找工作都是广撒网,海投简历。就咱们公司这薪酬待遇,优秀人才最终愿不愿意来还不一定呢。

> **解析:** 指出公司收到的简历多的原因,暗示简历多没用,强调招聘是双向选择,公司不一定能招到人才。

上　级: 你再不努力工作,早晚会被优秀人才取代。

回　应: 铁打的公司,流水的员工,我走了不要紧,反正还能再找别的工作,说不定薪酬待遇比现在还好呢。

> **解析:** 直接说明自己不怕威胁。

上　级: 你是不是不想在这儿工作了?

回应1: 这是您的想法,我可从来没这么说。如果您想听到的答案是"是的",我可以这么回应您。

> **解析:** 撇清关系,说明这只是对方的猜测。

回应2: 既然您都看出我对薪酬待遇不满了,那您要不要给我涨薪呢?

> **解析:** 延伸推演,扭转局势,让情况转向有利于自己的方面。

上　级: 能做就做,不能做就尽早离开,别天天占着岗位不产出。

回　应: 公司如果对我不满意,可以支付经济补偿金后辞掉我,您再另请高明。我没有做错什么,不会主动辞职。

> **解析：** 上级企图通过讽刺、挖苦、谩骂等方式逼走你。如果你没有做错什么，不必理会。如果上级管理不当或恶语相向，可以在不涉密的情况下录音或录像，为自己留下证据以备维权。

3.1.4 拒绝发展诱饵：反"开空头支票和'画大饼'"

有些上级以开空头支票或"画大饼"的方式吊着下级，利用下级对未来职业发展的期望，让他们努力工作和无私奉献，从而达到自己的目的。

1. 常见情境

- 升职承诺：上级承诺在下一次绩效评估时会考虑给下级升职机会，但却从不在正式的绩效评估中提及或记录这个承诺。
- 奖金激励：上级承诺如果某工作做得成功，团队成员将获得丰厚的奖金，但这种承诺只是口头的，从未被书面化，而且奖金的金额也不具体。
- 项目机遇：上级暗示，加入某个重点项目或承担额外工作将极大地增加下级在公司内的曝光度，加快下级的晋升速度，尽管这些"机遇"对下级的实际职业发展帮助有限。
- 环境改善：上级承诺过段时间，等项目运转好了，工作环境或工作压力将会得到改善，鼓励下级"再忍一忍"，但实际上改善的可能性微乎其微。

2. 应对策略

面对上级的开空头支票和"画大饼"，先要求上级明确承诺，然后设定职业目标和界限，保留证据，评估自我，以及适时地探索外部机会，最大限度地保护自己的职业发展不受影响。

- 明确承诺：对于任何形式的承诺，都要求上级进行具体的、明确的、书面化的确认。如果是升职或加薪，询问具体的评估时间和评估标准。
- 设定目标和界限：明确自己愿意为达到承诺的目标投入的努力程度和时间限制。不要让模糊的承诺导致自己无休止地加班或牺牲个人时间。
- 保留证据：保留所有相关的邮件、会议记录和沟通消息等资料，将其作为未来可能需要采取行动时的证据。
- 评估自我：定期评估自己的职业目标与当前职位的契合度。如果承诺长期未兑现，考虑是否需要调整自己的职业规划。
- 探索外部机会：不要完全依赖于上级的承诺，可以积极探索职业发展的其他可能性，包括外部职位机会。

3. 典型话术

上　级： 努力工作，以后可以升职加薪。

回应 1： 好的，好奇地问一句，我努力工作以后，谁会升职加薪？

> **解析：** 抓住语言漏洞，用打趣的方式暗示上级自己努力工作后的受益人可能不是自己。

回应 2： 谢谢您的鼓励，不过我想知道，具体应该做什么，做到什么程度，做多久，能升到什么职位，加多少薪酬？

> **解析：** 要求对方明确标准。

回应 3： 嗯，我会努力工作的，对得起工资，也对得起自己。

> **解析：** 表面答应即可，不起冲突。

上　级： 让你多做一些工作是为了让你多学东西，是为了增强你的综合能力，让你有所发展，对你来说是好事。

回应1： 感谢您的好意，但我现在要做的本职工作还有一大堆，哪有时间和精力来学习别的工作呢？您看下次有这样为我好的事，是不是提前沟通一下，看看我这里有没有别的事在忙。

> **解析：** 直接说明当前工作量较大，自己不能兼顾。

回应2： 谢谢您这么看得起我，可惜我这个人没什么大志向，就想本本分分地做好现在的本职工作。

> **解析：** 通过示弱，表达期望上级不要再给自己安排其他工作。

上　级： 别总想着赚钱，现在付出是为了将来收获。

回　应： 您说得对，但我如果连明天的温饱都解决不了，拿什么去谈将来的收获呢？我只是希望薪酬待遇和自己的付出匹配，何况就算匹配了，也谈不上是赚钱，只是刚好够我生活而已。

> **解析：** 说明自己的实际情况。

上　级： 怎么你不信努力工作会有未来吗？

回　应： 不不不，我非常相信公司会越来越好，我也相信我会越来越好，我会努力的。

> **解析：** 为了上下级关系，不直接否定或驳斥上级。

上　级： 你真是辜负了我的期待。

回　应： 对不起，我没有办法满足所有人的期待。那项工作是因为……

> **解析：** 如果上级对你态度强硬，你可以有理有据地反驳。

3.1.5　找回职业尊严：反"莫名其妙被贬低责怪"

上级有时候故意不明确工作标准，这样就可以根据自己的主观意愿来评价员工；在需要的时候，还会在精神上打压和贬低下级，让下级产生自我怀疑，觉得一切都是自己的错。

上级也可以借此给下级"穿小鞋"，评价下级的工作能力不行，拿着放大镜找错误，把小错误无限放大，无视下级的工作成果；有时候可能还会公开斥责，甚至贬低或辱骂下级。

1. 常见情境

- 模糊工作标准：上级不提供明确的工作目标或标准，但在任务完成后批评下级的工作没有达到预期，却不说明预期是什么。

- 刻意过度批评：上级会因为小错误或难以避免的问题过度批评下级，有时甚至在同事面前公开贬低下级，导致下级在团队中感到尴尬。

- 忽略实际贡献：上级忽视或贬低下级的努力和成果，即使在下级成功完成了难度较高的任务后也不给予认可，反而挑出更多小问题或不相干的错误。

- 无限放大错误：下级平时的小错误被无限放大，上级用这些小错误来证明下级的能力不足，甚至威胁其职位安全。

● 引发自我怀疑：上级长期的打压和贬低让下级开始怀疑自己的能力和价值，觉得一切问题都是自己的错，影响了工作动力和职业发展。

2. 应对策略

面对上级故意的打压和贬低，要保持冷静专业的态度，通过沟通寻求明确反馈，记录自身工作成果，寻求内部或外部的支持，尝试投诉、咨询，维护自己的权益，同时要持续学习，增强自己的职场竞争力和自信心。

● 保持冷静专业的态度：即使面对不公平的批评，也要尽量保持冷静和专业的态度，避免在情绪上做出过激反应，因为这可能会加剧矛盾。

● 寻求明确反馈：主动向上级寻求具体的工作反馈和明确的目标、标准，以书面形式记录这些反馈和要求，为自己的工作设定清晰的指导步骤。

● 记录工作成果：详细记录自己的工作进度、所完成的任务及其成果，以及遇到的任何障碍和克服这些障碍的过程，为自己的工作表现和努力提供证据。

● 寻求内部支持：与同事建立良好的关系，与同事交换信息和意见，寻求同事的支持。在遭受不公平对待时，同事的支持和理解可以提供额外的心理安慰。

● 尝试投诉、咨询：如果情况严重到影响了自己的心理健康和职业发展，对内可以考虑向公司监督检查部门投诉，对外可以寻找专业的职业顾问咨询，了解自己的权利并寻求解决方案。

● 持续提升个人竞争力：在职业生涯中不断提升自己的技能和

知识储备，增强自己的市场竞争力，这样在遭遇不利职场环境时，更有信心寻找新的机会。

3. 典型话术

上　级： 怎么连这么点小事都做不好？

回应1： 下次您要是能提前给我足够的信息，我想我能做得更好。

> **解析：** 说明自己没做好是因为上级的指挥有问题。

回应2： 对不起，我这次确实失误了，很抱歉没有满足您的期望。

> **解析：** 如果确实是自己哪里有错，可以直接认错。

上　级： 你看人家××，绩效是你的两倍。

回　应： 是啊，××的薪酬待遇也是我的两倍。

> **解析：** 转移比较范围，把对绩效的比较转化为对薪酬待遇的比较。

上　级： 为什么别人能做好，你却做不好？

回应1： 您说的别人具体指谁？

> **解析：** 要求上级明确对象，不要拿一些莫须有的人来比较；同时，不要用谁也完不成的标准来要求自己。

回应2： 您也可以试试让别人做我能做好的，看看别人能不能做好。

> **解析：** 暗示术业有专攻，别人有别人的好，我有我的好。

上　级： 这工作有什么难的吗?

回　应： 本来不难，但是我前一阵连续加班，精力不够用了，效率自然大不如前。要不您把之前加班的时间补给我，让我调休两天?

> **解析：** 借机提出自己的要求，说明上级是亏欠自己的，就不要再提出那么多要求了。

3.1.6　守卫自身专业：反"外行对内行评头论足"

职场中，有时候上级并非专业领域内的行家，也就是俗称的外行，而下级员工却具备该领域的专业知识和技能，也就是俗称的内行。

在外行管理内行的情形下，上级有时候为了彰显自己的权力和威严，巩固自身地位，让下级在心理上忌惮自己拥有的权力，可能会敲打和压制下级，对下级的工作细节过度干预、无理指导，甚至错误评价下级的专业工作。

1. 常见情境

- 无效指导：上级在不了解具体技术或流程的情况下，提出不切实际的指导或建议，导致工作方向错误或资源浪费；或者上级有时候忘了自己之前提过一些建议，后来发现自己错了，造成最新的建议和之前的建议矛盾。
- 错误评价：因为缺乏专业知识，上级无法正确评价下级的工作成果，可能过度夸大很小的错误或忽视了真正的成就。
- 决策延误：上级在做出关键决策时，由于缺乏必要的专业知识，犹豫不决，导致项目进展缓慢或错失良机。
- 沟通障碍：上级与下级在专业理念上存在差异，导致双方沟通不畅，无法有效协同工作。

2. 应对策略

遇到外行上级，先展示自己的专业能力，建立信任，然后在沟通时简化语言，工作时有理有据，关键时候引入第三方，同时也要注意调整自己的心态。

- 建立信任：通过展示自己的专业能力和成功案例，逐渐建立上级对你专业知识的信任，让上级相信你的判断和建议。
- 简化沟通语言：在提出专业建议时，尽量使用通俗易懂的语言，避免使用行业术语，确保上级能够理解你的观点和建议。
- 增加支持证据：在提出关键建议或反对不合理指导时，提供详细的文档支持，包括案例研究、数据分析等资料，以增强说服力。
- 寻求第三方意见：在关键问题上存在分歧时，可以建议引入第三方专家进行评估或咨询，以客观的视角帮助做出决策。
- 尝试自我调整：如果无法改变上级，就要学会调整自己的期望和态度，寻找在现有环境中继续获得专业成长和发展的机会。

3. 典型话术

上　级： 你这件事做得看起来好像有问题。

回应1： 要不您指导我一下应该怎么做？

> **解析：** 外行通常不会做，只会说。视情况决定，是否听取上级意见。

回应2： 请您指出我具体哪里有问题，应该怎么改进才能达到您认为的没问题状态。

> **解析：**外行通常只是看到表面，可能无法提出更具体的问题和改进方法。

上　级：你的工作没有达到我的要求。

回应1：要不您演示一下，怎么做才能达到您的要求。

> **解析：**外行通常只会提要求，其实自己也不知道如何才能达到自己的要求。

回应2：请问谁能达到您的要求？我想去学习一下。

> **解析：**外行通常提的要求或个人期望都不切实际。

上　级：你怎么连这个都不会。

回应1：您这么有经验的管理者都不会，我不会不是很正常吗？

> **解析：**外行通常不懂专业里的难点，随意评价，这时候可以示弱，把难点推给上级。

回应2：我觉得我本来会，但您这么一说我好像真不会了，要不您教教我？

> **解析：**暗示对方的评价有问题，同时把难题推给对方。

上　级：我只是表达我的意见，提出我的要求，你要怎么做来达到我的要求是你的事，不要来问我。

回应1：我就是不知道怎么做才问您的，如果我按照错误的方式做了依然达不到您的要求，不是浪费咱们团队的时间吗？

> **解析：** 如果上级只评价不指导，可以表达如果按上级提的要求来做，可能得不到预期结果。

回应2： 上级给下级指点迷津不是很正常吗？您这么聪明、有才能，就给我指导一下吧。

> **解析：** 面对只评价不指导的外行上级，可以对其讨教。

3.2 同级之间

职场中，同级之间的 PUA 不仅发生在同部门的同事之间，还可能发生在跨部门协作或项目协作过程中，比较常见的情境有 5 类，分别是你的工作成果被有的同事贬低；协同工作时，对方推卸责任；有的同事故意搅浑水，在你的周围制造矛盾；有的同事抢走了你的功劳；有的同事把你的帮助视为理所应当。

3.2.1 驳斥冷嘲热讽：反"被同事贬低工作成果"

职场中，可能会有同事对你的工作冷嘲热讽，贬低你的成果以凸显自己的高明。

这样的同事通过贬低别人，一来可以转移矛盾，把上级的关注点放在被贬低的同事身上；二来可以抬高自己，让自己显得比较高明；三来可以在无形中拉近自己与上级的关系，产生一种帮助上级监督同事的感觉。

1. 常见情境

- 公开负面评论：在团队会议上，当你展示自己的工作成果时，某位同事总是提出挑剔的意见，试图贬低你的工作成果，即使这些意见并不客观。

- 对比彼此工作：某些同事可能在其他同事面前，通过对比自己和你的工作成果，暗示自己的工作更有价值，从而无形中贬低你的努力和成果。

- 传播小道消息：私下里，某些同事可能散布关于你工作成果的负面评价或关于你生活的小道消息，损害你的声誉。

- 忽视、抹黑成果：当你取得了实质性的成果时，某些同事可能选择忽视或抹黑这些成果，使你的努力无法得到应有的认可。

2. 应对策略

面对职场中某些同事的冷嘲热讽和贬低，要保持情绪稳定、态度自信和状态专业，尝试沟通、强调合作并在必要时寻求帮助，平时注意记录好工作事实，保护自己免受不正当行为的负面影响。另外，多把精力放在自己的成长和发展上。

- 保持冷静：面对挑衅或贬低，先保持冷静。对方可能就是要扰乱你的心智，挑起你的情绪，过度的情绪反应可能会让对方达到目的。

- 尝试沟通：如果同事对你的贬低是私下的，可以尝试直接和该同事沟通，寻求意见反馈。这样既可以展示你对工作的认真态度，也可以揭示对方贬低的无根据性。

- 强调合作：在适当的场合，强调团队合作的重要性，并指出贬低他人的行为是如何破坏团队凝聚力和影响工作效率的。

- 寻求帮助：如果情况严重到影响了你的工作表现或心理健康，可以试试向上级或公司内部的监督检查部门反映情况。
- 记录事实：保持对工作交流和成果的记录，这样在需要的时候可以作为具体的证据来证明你的工作能力和成就。
- 专注发展：把主要精力放在自己的工作和职业发展上，而不是消耗在无谓的职场勾心斗角中；提升自己的技能并稳定输出工作成果，让同事贬低你的语言显得苍白无力。

3. 典型话术

同　事： 这么点小事都做不好呀。

回应 1： 我可没你那么厉害，要不这个工作你来做吧，想必你一定能做得很好。

> **解析：** 示弱，抬高对方，把责任推给对方。

回应 2： 请问什么叫小事？你说我没有做好的具体依据是什么？

> **解析：** 反问对方词的定义，暗示对方说话要有依据。

同　事： 那如果我做了你的工作，你的工资分给我吗？

回　应： 瞧你说的，咱不都是为公司工作吗？我那天给部门做了个××（不属于我职责范围的工作），也没提要工资的事啊。我这不是响应公司领导说的"能者上，庸者让"吗？

> **解析：** 用团队、整体、贡献等集体概念化解。

同　事： 呦，你这不是推责任吗？你的工作凭什么让我替你做啊？

回　应： 你都能评价我的工作，想必你很懂我的工作，为什么不能做呢？而且你现在这样评价我的工作，不也正在做上级的工作吗？

> **解析：** 对方在试图撇清关系，你可以顺势表达既然对方想和你的工作撇清关系，为什么又要随意评价你的工作呢，揭示对方的逻辑问题。

同 事： 你这里还有提升的空间哦。

回应1： 我听说有家店的鱼刺特别多，很多人不敢去吃，你这么会挑刺，赶紧去吃吧。

> **解析：** 用讽刺回应。

回应2： 你知道你在说一件自己并不了解细节的事情吗？

> **解析：** 暗示对方的评价是错误的，且多管闲事。

同 事： 这件事这样做不行。

回 应： 感谢你直言不讳地提否定意见。团队工作要进步，更需要有建设性的建议。你可以说不行，但说不行的同时，希望你也能提出怎么做才行，以供大家讨论。

> **解析：** 暗示对方不要只说风凉话，风凉话谁都会说，关键是要解决问题。只说风凉话不解决问题是在浪费大家的时间。

3.2.2 回应逃避担责：反"平级协作推卸责任"

部门同事或平级部门之间协作，有时会遭遇推卸责任、逃避担责等情况。有些同事只想享受成果，不想承担责任，有问题的时候躲得远远的，有工作了就往外推。

1. 常见情境

- **失败归咎同事**：工作未能按预期进行时，某些同事立刻将失败的原因归咎于你，即使这并不是你一个人的责任。

- **避免承担任务**：在分配工作任务时，某些同事总是找理由避免承担那些可能会失败或难以完成的任务，想让你或别的同事去承担风险。

- **故意隐藏信息**：在需要团队合作的项目中，某些同事故意不分享关键信息，导致工作进度受阻，最后还将问题归咎于沟通不畅。

- **忽略自身责任**：在遇到问题时，某些同事选择忽视或推迟解决问题，最终导致问题加剧，在无法避免时推卸责任给你或者最后接触这个问题的同事。

2. 应对策略

面对同事推卸责任的行为，通过明确责任分工，保持专业态度，及时沟通解决问题，必要时寻求上级介入这些策略，可以有效地降低这种行为的负面影响。

- **明确责任分工**：在工作分配阶段，确保所有任务都有明确的责任人，并且有书面记录。这样可以在问题出现时追溯责任。

- **保持专业态度**：即使在遇到推卸责任的行为时，也要保持专业和冷静的态度，集中精力先解决问题，而不纠结于责任归属。这样会显示你的能力和格局。

- **及时解决问题**：面对潜在的推卸责任行为，及时公开沟通，尝试迅速解决问题。如果发现信息不透明或合作不畅，尽早提出问题并寻求解决方案。

- 寻求上级介入：当推卸责任的行为已经开始影响到工作进度和团队氛围时，及时向上级报告，客观地讲清楚具体情况，寻求可能的解决方案。

3. 典型话术

同　事: 这事可不怪我，都是你的问题。

回　应: 我们还是尊重事实吧，这事到底怪谁，数据会说明一切。

> **解析:** 不必特别理会，直接拿事实和数据说话。

同　事: 这个错误不是我的责任，都是你的责任。

回　应: 你想表达的是，你没有责任吗? 我建议你想好了再说话。本来这只是个小问题，你只需要改正就好了，没有人会因为你犯了错而过分苛责你。但如果大家发现明明是你的问题，你却往外推卸责任，你说别人会怎么想你? 这可比错误本身严重多了。

> **解析:** 告诉对方推卸责任的严重性及其可能带来的后果。

同　事: 出现这样的结果，都怪你当初没提前告诉我。

回　应: 如果你忘了某项工作，我可以提醒你。但不能因为你连我的提醒都忘了，你就说这件事没发生。你希望以后每个同事跟你说话的时候都要录音吗?

> **解析:** 明确指出对方讲述的事实错误。

同　事: 你如果那样做了，我也能做好，但因为你没那样做，所以我的工作也没做好。

回　应：所以你的一切工作成果都要看别人怎么做?

> **解析：**延伸推演，抓住对方的逻辑漏洞。

同　事：这个工作我没做好，但团队里每个人都有没做好的工作呀。要说问题，大家都有问题啊。

回　应：所以你承认你没有做好工作，是吧? 上级只是点出问题，又不是在责怪你，你何必那么紧张，拉整个团队一起下水?

> **解析：**转换对方表意的落脚点，放大对你有利的那部分内容。

同　事：这事就应该是你跟我一起承担责任。

回　应：对不起，我不能为你猜想的"应该"负责。我在这件事上已经尽力了，我做到了自己该做的，最后的结果显然不是因为我的错误导致的。

> **解析：**明确指出这只是对方的观点，而非事实。

同　事：我这里有件事，我们一起去找上级汇报吧?

回　应：那件事是你的工作职责，我为什么要跟你一起去?

> **解析：**看穿对方想让你一起承担责任的心思，及时回绝。

3.2.3　应对挑拨离间：反"制造矛盾打破融洽氛围"

有些同事喜欢搅浑水，出于各种原因挑拨离间，故意制造矛盾，破坏团队的和谐氛围。

这些同事这样做的原因可能和贬低同事工作成果的原因类似：当

团队中出现他人之间的矛盾时，往往可以让他们自己处在矛盾之外，保证自己是安全的。也有些同事是基于嫉妒和竞争心理而这么做。

1. 常见情境

- 散布不实消息：某些同事在团队中散布关于你的不实消息或夸大你的负面信息，意图破坏你在团队中的人际关系。
- 传递歪曲信息：在信息传递过程中故意歪曲你的言论和意图，故意制造误会，引发你和团队成员之间的矛盾。
- 挑起内部竞争：通过在你面前夸大别的同事的成就，挑起不必要的竞争和嫉妒，打破团队内部的合作精神。
- 利用团队分歧：在团队讨论或决策过程中，故意夸大或强调意见分歧，挑拨离间，阻碍团队达成一致。

2. 应对策略

面对挑拨离间和搅浑水的同事，要保持心态稳定，正面解决矛盾，务必核实信息，尽量当面沟通，平时要注意与团队成员之间的团结，加深彼此的了解，必要时借助上级的力量解决问题。

- 保持心态稳定：对于挑拨离间的行为，保持冷静和客观的态度，不因个别人的负面行为影响自己的工作表现和心态，不被牵着鼻子走。
- 正面解决矛盾：面对潜在的团队矛盾，不要逃避，主动寻找根源，通过沟通和调解解决问题，而不是让矛盾升级。
- 务必核实信息：面对可能的不实信息或误解，第一步应是直接向相关人员核实信息的真实性，不要盲目接受道听途说和未经证实的言论。
- 尽量当面沟通：对于团队里的沟通要保持开放、直接，尽可能当面沟通。一般面对面的沟通更难被歪曲，有助于快速澄清误会。

● 注重内部团结：在团队会议或集体活动中强调合作、信任和尊重的价值。多参加团建活动，加深自己与团队成员的关系。

● 借助上级力量：当个别同事的行为严重影响团队的和谐与工作效率时，适时向上级汇报，寻求管理层的介入和解决。

3. 典型话术

同　事： 听说你的这项工作被上级批评，就是因为 ×× 在背后说你的坏话。

回应 1： 谢谢，不过我有点好奇，你从哪里听说的 / 听谁说的？

> **解析：** 对于小道消息，可以礼貌感谢，但不要立即响应对方，而是要查明信息来源。

回应 2： 谢谢你的提醒，在背后说别人坏话确实不好，我会找 ×× 聊聊这件事。

> **解析：** 把"背对背"变成"面对面"。

回应 3： 感谢知会，可能是因为信息不对称造成的误解吧，下次会议时我准备当着大家的面儿说说这件事，也倡导大家有什么事在公开场合说。

> **解析：** 把私下交流变成公开讨论。

同　事： 上级那么说你，就是故意在给你穿小鞋呢。

回应1: 是吗？我倒没有这种感觉，我觉得上级人挺好的，偶尔有点脾气也是人之常情。

> **解析:** 不要与同事在私下贬低上级，尤其不要从你口中说出上级的坏话。

回应2: 我觉得上级是在磨炼我的意志，有这样愿意直接提出问题的上级挺好的。

> **解析:** 告诉对方你不想接这个话茬，表达你不想说上级坏话的立场。

回应3: 上级应该不是这样的人吧，这件事应该是有什么误会，等有机会我澄清一下。

> **解析:** 把私下的交流变成公开的信息互通。

同　事: 你工作能力强，是优秀员工，和我们这些普通员工不是一个水平的，这么难的工作就交给你来做吧。（当着别的同事的面说）

回　应: 这项工作应该谁来做，上级自有判断，你现在把它交给我不是抢了上级的工作吗？关于工作安排，我们没有权力，也没有必要私下讨论。

> **解析:** 对方可能是想拉拢别的同事孤立你，让你承担更大的责任。可以用对方越权来堵住对方的嘴。

3.2.4　回击抢功邀功：反"坐享你的劳动成果"

职场中，常有同事试图抢功。明明工作都是你做的，遇到难题的时候他们躲得远远的，有了成果却急着跳出来想要分享。或者有的同事在某项工作上只是做了很少的贡献，主要的工作成果与其关系不大，但他们总是先站出来邀功，自吹自擂，放大自己的价值。

1. 常见情境

● 成功归功于己：一个团队项目完成后，某同事在向上级或团队外部的汇报中，夸大自己的贡献，忽略或贬低其他团队成员的努力。

● 公开场合夸耀：在公开场合或会议上，某同事不断夸耀自己对某项任务或某个项目的影响，试图让人认为工作的成功主要或全部归因于自己。

● 私下争取权益：在私下与上级交流时，某同事试图通过夸大自己的工作成果，为自己争取更多的奖励或晋升机会，而这些奖励或机会本应属于你。

● 使用别人成果：某同事未经允许，使用了你的工作成果来展现和标榜自己，试图让人以为该工作成果属于他。

2. 应对策略

面对职场中的抢功和邀功行为，要保持冷静，可尝试通过恰当的沟通解决问题，平时要注意做好工作成果记录，留好证据，定期汇报和展示成果，必要时寻求上级或公司内部监督检查部门的帮助，维护利益，防止或减少这种不利情况的发生。

● 尝试直接沟通：如果发现有同事在抢功或邀功，可以尝试先与该同事直接沟通，表达你的观点和感受。对方可能是故意，也可能是无心的。有时直接沟通可以消除误解，阻止进一步的不公行为。

- 保留工作记录：对自己的工作进度和成果保持详细的记录，包括时间线、完成的任务和相关的沟通邮件或文件。这些记录可以在需要时证明你的贡献。

- 定期展示成果：在公开的团队会议、报告或述职时，积极展示自己的工作成果，确保团队和上级对你的努力和成果有充分的了解。

- 寻求外部帮助：当直接沟通无效时，可以将问题和相关证据向上级或公司内部监督检查部门反映，寻求正式的解决方案。

3. 典型话术

同　事： 看，这就是我们的工作成果。

回应1： 你说的"我们"指的是谁？

> **解析：** 借明确定义指出对方表达错误。

回应2： 不好意思，我想你是抢了我的台词。

> **解析：** 用讽刺的方式说明工作成果与对方没关系。

回应3： 确实，我做这项工作的时候，主要遇到的困难有……其中最大的难题是……我做了……工作来克服困难。

> **解析：** 不理会对方的表达，直接当对方说的"我们"是你，借着对方的话茬说明你是如何取得这项工作成果的。你讲出了过程和细节，别人自然认为这就是你的工作成果。

同　事：这项工作有今天的成果，主要是因为我的贡献。

回应1：我很好奇，你的贡献具体是什么？可不可以拿出一些事实证据？

> **解析**：要求对方提供细节、过程、事实或数据等作为证据。

回应2：据我所知，你对这项工作的主要贡献就是做汇报。

> **解析**：比较直接地讽刺对方抢功劳。

回应3：你的意思是，这项工作全是你一个人做的，别人都没参与？

> **解析**：如果这项工作明显就是团队的工作成果，可以借此和其他同事站在一起，说出其他同事的心声，引起其他同事的共鸣。

同　事：大家不都是为实现团队目标共同努力吗？在功劳归属上都是平均分配的，何必分得那么清楚？

回应1：当初分配工作任务的时候为什么不平均分配？把最难最累的工作全都安排给我，现在做出成绩来了怎么就要平均分配了？我不明白为什么大家的工作量和工作难度明显不同，功劳归属却应该是平均分配的？

> **解析**：把过程说出来，挑明对方是在抢功劳。

回应2：在工作贡献和价值评判上，我相信上级和其他同事的眼睛都会是雪亮的。

> **解析**：说明自己相信群体的公正性，点明对方的意图。

3.2.5　回绝心安理得：反"合理拒绝对方却闹情绪"

有些同事找你帮忙时会有一种天经地义、心安理得的感觉。你帮忙了还好，如果因为某种原因不帮忙，他们就朝你甩脸子，使性子，闹别扭，耍脾气，等等。

这些同事不管你手头有没有工作，都希望你能提供无私的帮助，对你的要求很高，对自己的要求却很低。当你反过来需要这些同事帮忙的时候，他们却用各种理由推脱。在这些同事心中，仿佛别人不帮忙都是找借口，没有团队精神，他们自己不帮忙则是因为真的没时间。

1. 常见情境

- 经常求助：某些同事经常找你帮忙解决工作上的问题，即使这些问题是他们自己职责范围内的事情。
- 理所当然：当你帮忙时，某些同事从不表示感谢，仿佛你的帮助是理所应当的。
- 负面反应：如果因为你忙于自己的工作而无法提供帮助，某些同事会表现出明显的不满，甚至耍脾气、闹别扭。
- 情绪威胁：在你拒绝帮助时，某些同事可能会通过情绪化的反应来试图影响你，例如拉着脸、使性子，甚至散布负面言论。

2. 应对策略

面对职场中对你过度依赖和情绪化的同事，通过使用设定界限、提供指导、沟通反馈以及寻求支持等策略，可以有效地管理和减少这类行为，同时保证自己的利益和工作效率。

- 设定界限：明确自己的工作范围和能力范围，对于不属于你职责范围内的求助学会说"不"。可以温和但坚定地解释你当前的工作负荷，表达你主观上愿意帮忙，但受限于现实情况，客观上条件不允许。

- 提供指导：当同事求助时，可以尝试给他们提供指导或建议，而不是直接替他们完成任务。这样既间接提供了帮助，又促使他们学会独立解决问题。

- 沟通反馈：与这类同事进行沟通时，表达你对其行为的感受，以及这种行为对你工作和情绪带来的影响，提出希望彼此能够建立更加平等和尊重的合作关系。

- 寻求支持：如果这种情况持续存在，并对你的工作造成了负面影响，可以考虑寻求上级或公司内部监督检查部门的帮助和指导。

3. 典型话术

同　事： 你怎么这点小忙都不帮？

回应 1： 对不起，不是我不想帮你，是因为我手头有项紧急的工作，至少要加班俩小时才能完成。你人这么好，又那么助人为乐，如果我帮了你，你肯定要反过来帮我，这样不就耽误你下班的时间了吗？我不想因为我的工作影响你。

> **解析：** 把对方的道德绑架反推给对方。

回应 2： 抱歉，我不是不想帮你，只是你这项工作我从来没接触过，它对你来说很熟悉，对我来说却很陌生。我想帮你，但我不知道从何入手，而且万一我做得不好，不是给你添麻烦吗？

> **解析：** 通过示弱拒绝对方。

回应3： 你能力太强了，这项工作对你来说就是手到擒来，轻松拿下；但对我来说就如同泰山压顶，困难重重。你可能一小时就做完了，但对我来说要耗一天。

> **解析：** 另一种角度的示弱。

回应4： 我现在的工作已经堆积如山了，要不你先来帮我一起完成我的工作，我再安心帮你一起完成你的工作。

> **解析：** 说明帮忙可以，但需要等价交换。

同　事： 让你帮个小忙，你推三阻四的，一点团队意识都没有。

回应1： 我现在手头的工作比你的工作多，你有团队意识，怎么不先来帮帮我？

> **解析：** 把对方的指责转向，反过来指责对方。

回应2： 你对团队意识的定义，就是你让我做什么，我就得做什么吗？

> **解析：** 指出对方的定义错误。

回应3： 我现在正在做上级布置的紧急任务，你觉得自己的职级比上级更高吗？

> **解析：** 借上级来说明自己当前的工作更重要。

回应 4：所以一个只顾自己工作有没有完成，不顾同事工作有没有完成的人，是有团队意识？

> **解析：**借对方的用词反驳对方的言语攻击。

回应 5：你的意思是，整个团队都应该围着你转吗？

> **解析：**将对方与你之间的矛盾，上升为对方与整个团队的矛盾。

回应 6：我上次忙的时候找你帮忙，你不也没帮吗，所以你就有团队意识？

> **解析：**借以前的事实说明对方的虚伪。

回应 7：帮你是情分，不帮你是本分。工作了这么久，我还从来没见过有人找人帮忙时不仅心安理得，还恶语相向的。

> **解析：**有时候比较直接地反驳，也能快速解决问题。

同　事：上级给我安排的工作更多、更难，你的工作比较少，也比较简单，你来帮帮我吧。

回　应：你如果对上级安排的工作不满，可以直接找上级去说。要不我把上级找来，你把刚才的话说出来，让上级重新分配一下工作。

> **解析：**借对方的话将对方与你的矛盾转化为对方与上级的矛盾。

同　事：上次你需要我帮忙的时候我都帮你了，这次我需要你帮忙，你居然不帮我。

回应1： 你不要误会，我不是不帮你，你等我一会儿，我先忙完手头这些紧急又重要的事再帮你可以吗？

> **解析：** 对方在对你进行道德绑架，冷静说明自身情况。

回应2： 我不是忘恩负义的人，我只是没有你那么优秀，不能在做我手头这些大量紧急工作的同时还兼顾帮你。这样吧，现在把咱俩的工作混在一起做，咱俩一块下班，可以吧？

> **解析：** 面对道德绑架，说明立场，给出另一种解决方案。

3.3 下级对上级

职场中的 PUA 还可能存在于下级的向上管理中。如果你是上级，有下级要管理，要当心 3 种常见的 PUA 情境：有的下级频繁且过分地对你拍马屁；有的下级口头答应得很好，实际上不认真执行你的安排；有的下级故意和你拉关系、套近乎，以便可以避免被分配一些困难的工作。

3.3.1 拒绝过度赞美：反"用拍马屁向上推责"

作为上级管理者，有时候会遇到一些下级通过拍马屁、过度赞美等各种手段试图拉近你们的关系，以便为自己谋求利益。

这类行为如果不加以适当管理，可能会破坏团队的公平感，影响团队的工作效率和团队其他成员的士气。

1. 常见情境

- 轰炸式拍马屁：某些下级频繁地对上级的决策、能力进行过度赞美，意图通过拉拢上级来为自己谋取更多的好处。

- 推责任给上级：遇到工作中的问题或错误时，某些下级试图将责任推给上级，希望上级替自己承担责任或解决问题。

- 逃避绩效评价：某些下级试图通过拉近和上级的关系，影响上级对自己的绩效评价结果，希望上级在主观上给自己更好的评价。

2. 应对策略

作为上级管理者，面对下级各种试图拉拢自己的行为，要保持清醒的头脑，通过鼓励正直的沟通文化，明确评价体系，保持客观公正，及时反馈指正，以有效地管理和减少这些不利于团队发展的行为。

- 鼓励正直的沟通文化：鼓励团队内部开放、诚实地沟通，让团队成员能够直接反映问题和困难，而不是通过拍马屁或推卸责任来解决问题。

- 明确评价体系：确保团队内部有明确的工作标准和公正的评价体系，让所有团队成员都清楚自己的职责所在，并明确表示绩效等评估按照工作表现进行，而不是根据个人关系进行。

- 保持客观公正：在决策和工作分配上保持客观和公正，避免因个别下级的过度赞美而受到影响，确保所有决策和行为都基于团队和组织的最佳利益。

- 及时反馈指正：对于试图通过拍马屁拉近关系、推卸责任的下级，及时给予明确的反馈和指正，讨论他们的行为对团队的影响，提供改进的建议。

3. 典型话术

下　级： 您是我见过能力最强的上级。

回应1： 你是不是见过的上级太少了？

> **解析：** 暗讽对方，表达你已经知道对方在拍马屁。

回应2： 你的意思是，你前一任上级的能力不强？

> **解析：** 指出下级的逻辑漏洞。

回应3： 你知道吗，我最讨厌拍马屁的人。不论某个人工作能力有多强，只要这个人一拍马屁，我心里就不自觉地会给这个人扣分。当然我也不会轻易把下级对上级的赞美解读成拍马屁，不过假如这种赞美过多、过度的话，我很难不这么想。

> **解析：** 直接明确地表达个人立场。

回应4： 谢谢，如果没有什么事，你可以回去根据本周的工作计划继续工作了。

> **解析：** 不接对方的话茬，通过语气和肢体语言让对方感受到你反感拍马屁。

下　级： 火车快不快，全靠车头带。咱们团队能有今天的成就，全靠您的带领。

回应1： 过奖了，我只是为大家提供了支持服务，团队的成就离不开全体员工的付出和努力。尤其是你在这次任务中的表现可圈可点，以后要继续加油。

> **解析：** 通过反过来过度夸赞对方的方式反向 PUA。

回应 2： 团队成就属于集体荣誉，怎么能把集体荣誉全部归结为一个人呢，是因为大家的努力，团队才有了今天的成就。

> **解析：** 明确定义，将团队的成就归因为集体努力。

下 级： 领导，您是咱们团队中能力最强的人。

回应 1： 你这么说我很惭愧，我不应该是咱们团队能力最强的人，因为这一来可能说明我没有带好你们，二来可能让高层觉得我容不下比自己能力更强的人。

回应 2： 我能力强有用吗？我更关心咱们团队成员的能力强不强，我最想看到大家的能力都比我强，这样团队才会有发展。

> **解析：** 让对方感觉自己拍马屁拍错了。

3.3.2 批驳只说不做：反"只动嘴皮子不干活"

有的下级只说不做，只动嘴皮子却不干活，他们态度特别好，表面上答应得好好的，但实际上消极对待。也有的下级仔仔细细偷懒，认认真真怠工，让上级抓不到他们的把柄，也不知道如何应对。

1. 常见情境

- 口头承诺未兑现：下级在会议上或私下对上级分配的任务表现出高度的热情，也做出承诺，但实际上却没有采取任何实际行动去完成这些任务。

- 各种借口拖延：当上级询问任务进展时，下级用各种借口推脱，如暗示其他工作占用了他们的时间，或声称遇到了难以克服的障碍。

- 出现质量和进度问题：即使他们最终开始执行任务，任务成果的质量和完成的速度也远远达不到预期标准，而且明显是因为他们缺乏投入和不努力。

- 成为行为模式：这种"只说不做"的行为已经成为一种模式，即使下级在接受了反馈和指导后，他们行为改变的时间也很短或根本没有改变。

2. 应对策略

作为上级管理者，面对下级的"只说不做"，可以采取明确责任期望的管理方法，制订具体的行动计划，提供持续的反馈辅导和为完不成工作设定后果；同时，理解下级的个人动机、遇到的问题，在必要时采取果断措施。

- 明确责任期望：与下级进行一对一会谈，明确解释任务的重要性、预期的成果和截止日期，强调当前工作对团队目标的重要性。

- 制订行动计划：要求下级制订详细的行动计划，包括具体的步骤、时间表和成果指标，并定期检查进度。

- 提供反馈辅导：定期提供具体的和建设性的反馈，指出哪里需要改进，并提供支持。如果需要，可以提供额外的培训或资源。

- 设定工作后果：明确下级不履行工作职责的后果，可以是正式的绩效评价中的负面记录，或是更直接的工作分配上的调整。

- 尝试增强动机：了解下级态度消极的根本原因，可能是对任务缺乏兴趣，感到能力不足，或是对工作环境不满。基于这些信息，调整工作分配，或采取措施增强其工作动机。

● 考虑团队调整：如果个别下级持续表现消极，影响团队士气和效率，可能需要考虑重新安排团队结构，将其调整到更适合其能力和兴趣的位置，或在必要时采取更严厉的管理措施。

3. 典型话术

下　级： 放心吧领导，这件事交给我就行了。

回应1： 我想知道，上次给你交代工作时你也这么说，后来为什么不了了之了？

> **解析：** 趁对方再次承诺时提及其之前未完成的工作，要求解释原因。

回应2： 等等，你先说清楚，什么时候能完成？要完成到什么程度？

> **解析：** 确定完成的时间和标准。

回应3： 从你之前的表现来看，我很不放心。你这次准备怎么让我放心？

> **解析：** 要求对方给出进一步的承诺，或给出更可靠的保证。

下　级： 领导您别着急，我负责的工作快完成了。

回应1： 快完成了，具体还要多久？

> **解析：** 要求提供具体的完成时间。

回应 2： 我已经给了你 3 周时间，客户急着要，我再给你 3 天时间，3 天后必须完成。

> **解析：** 强制规定完成时间。

回应 3： 我们来定个规则，以后团队里关于工作的沟通不要说"快了""差不多""基本上"这类模糊的词，要说就说确切的、具体的情况。

> **解析：** 借机制定团队工作原则，明确标准。

下　级： 对不起领导，这项工作没做好，下次我一定做好。

回应 1： 这已经是我第 3 次听你这么说了，我希望这是最后一次。如果你下次还没做好，那说明你不适合这份工作。

回应 2： 我相信你下次一定能做好，但我的耐心是有限的，如果你再辜负我的期望，那我只能公事公办了。

> **解析：** 给对方下最后通牒。

回应 3： 好的，不过这是你在我这里说的最后一次"下次一定"，下次如果没有"一定"，那我只能把你调走了。

> **解析：** 下最后通牒的另一种说法。

下　级： 领导，这件事不是我不想做好，主要是因为……

回应 1： 优秀的员工只会想办法解决问题，不会找借口。办法总比问题多，谁工作的时候没有遇到过问题？遇到问题要学会解决和求助，我和同事都会帮助你的，不要再把问题当借口。

> **解析：** 引导下级向解决问题的方向思考，树立积极的工作态度，明确自己的期望。

回应2： 公司雇你，是让你来解决问题的，不是让你来汇报问题的。即便你解决不了，可以求助或学习，要拿出积极的态度应对，不是吗？

> **解析：** 提出要求，设定边界，警示对方。

3.3.3 否定推三阻四：反"假借感情逃避工作"

上级管理者可能会遇到一些下级因为和你关系较好或相处时间较长，而试图利用这种私人关系逃避你安排工作的情况。

有的下级会和上级打感情牌，推卸责任，企图把困难的工作转移给别的同事，让自己被分配到比较轻松的工作，或承担更小的职责。

1. 常见情境

● 逃避工作：下级被分配工作任务时，利用平时和上级比较亲近的关系，表达自己的工作已经很繁重，试图让上级同情，从而将任务分配给他人。

● 东推西阻：当上级安排工作时，下级以各种理由和借口推脱，如暗示自己不是最适合做这项工作的人，或是暗示其他同事有空闲时间。

● 干预决策：下级在非工作场合提起工作事务，试图在轻松的氛围中影响上级的某项工作决策，让自己从中获利。

● 拖延或消极对待：下级自认为和上级关系好，即使工作完成得不理想，也不会有太严重的后果，从而对分配的任务拖延或消极对待。

2. 应对策略

作为管理者，和下级建立比较好的上下级关系是应该的，但需要平衡好私人关系和工作关系。上级可以通过划定明确界限，公平分配工作，明确目标期望，强化监督反馈，培养团队精神和反思自我行为等方式，维护团队的工作效率和公正性。

- 划定明确界限：和这类下级明确沟通，虽然私人关系良好，但在工作中需要保持专业，所有的工作决策都要基于团队和组织的最佳利益做出。

- 公平分配工作：确保工作的分配是基于能力和团队需求，而不是基于私人喜好。这一点需要在团队中公开透明地进行，以树立公正的工作分配标准。

- 明确目标期望：对每个工作任务都设定明确的完成标准和截止日期，并进行记录，确保下级明白自己的职责所在。

- 强化监督反馈：对于有逃避职责倾向的下级，需要加强监督和跟进，及时提供正面和负面的反馈，必要时采取纠正措施。

- 培养团队精神：平常可以多组织一些团队建设活动，强化团队成员的责任感和共同达成团队目标的决心。

- 反思自我行为：作为上级，需要反思自己是否无意中纵容和鼓励了下级的一些行为，要通过改进管理方式，避免未来再次出现类似情况。

3. 典型话术

下　级： 凭咱俩这关系，这么难的工作，您怎么交给我做啊？

回　应： 就因为咱俩这关系，我很信任你，才交给你做，交给别人我能放心吗？大家都看着呢，你要是没做好，我只能照章办事，加油干，不能辜负我的期望呀。

> **解析：** 反借对方拉拢感情，把责任推给对方。

下　级： 您看，这工作交给我不合适吧，我哪能担得起这么大的责任呢？

回应 1： 你上次不是还跟我说想晋升吗？想当管理者，怎么连这么点责任都不能担了？我这是培养你呢，给你个证明自己能力的好机会。

> **解析：** 借助对方之前的话，使用反向 PUA 法，将责任交给对方。

回应 2： 这项工作新员工都能做好，你一个工作这么久的老员工怎么就做不了？你如果连新员工都比不过，那公司裁员的时候是不是很危险啊？

> **解析：** 利用威胁警告的话语，表达对下级推卸责任的不满。

回应 3： 你在质疑我的工作安排吗？我所有的安排都公平公正，如果觉得我在工作安排上有什么不公，你可以向高层反映，你也可以申请调部门。

> **解析：** 借自身职位和公司制度，将工作安排放在公开透明的位置上，把下级试图私下交流的行为也顺势公开。

下　级： 咱俩一起工作这么多年了，您又不是不了解我，这工作这么难，我哪能做好。

回应1： 你没有听到别的同事已经在私下议论咱俩是多年的老同事了，关系好，说我总庇护你，安排工作的时候也向着你，总给你安排简单的工作吗？这正好是个证明和澄清的好机会。

> **解析：** 说明关系越好，越要把握好分寸。

回应2： 我之前给你安排了那么多轻松的工作，你看团队里很多同事都有意见了。你不能老做轻松的工作，不做难的工作吧？

> **解析：** 借助对方打出的感情牌，将对方说的话堵回去。

回应3： 你是咱们团队最资深的员工，总不能让我把最简单的工作交给你做，把最难的工作交给新人做吧？

> **解析：** 肯定对方的阅历和能力，说明越资深，越要担起责任的道理。

下　级： 您安排我这么难的工作，万一我要是做不好，岂不是对团队不好，对您也不好吗？

回　应： 所以你更要好好做，不能给你自己丢脸，也不能给团队丢脸。你如果全力以赴工作，即使做不好，我也不会怪你；但如果你不好好工作，故意做不好，那就是消极怠工，我一定会依规办事。

> **解析：** 借对方的借口要求对方，说明原则。

第 4 章

反情感 PUA

　　情感领域是 PUA 的发源地，PUA 最早正是作为一种快速促进两性关系进展的技巧出现的。情感领域还是 PUA 的"重灾区"，一方可能基于个人私欲，想完全掌控另一方。不论是两性关系建立初期、正式成为情侣关系时期，还是正式成为夫妻关系时期，都可能充斥着 PUA 的身影。

4.1 建立关系初期

有的人在与你建立两性关系的初期，可能会过分赞美你，让你觉得自己得到了对方的认可，仿佛全世界只有对方能看到你的光芒；为了拉近与你的距离，对方可能会对你持续讲甜言蜜语；为了快速与你确立关系，对方可能会向你规划或承诺梦境般美好的未来，让你觉得与对方在一起必将幸福美满。

4.1.1 做到独立思考：反"过分褒奖和甜言蜜语"

在建立关系的初期，如果一方使用过分的褒奖和甜言蜜语来拉近距离，目的可能不仅是表达爱意，他 / 她还可能有更深层的意图，比如为之后实施 PUA 铺路。这种情况下，另一方需要保持警觉，并学会有效应对。

1. 常见情境

- 过度赞美：在建立关系初期，对方不断地对你的外貌、智商、性格等进行过分赞美，即使在很小的事情上也是如此，似乎你在对方眼里没有任何缺点。

- 持续讲甜言蜜语：对方使用各种浪漫的语言，甚至是比较夸张的词，让你感觉自己是世界上最特别的人，让你觉得你在对方心中的地位很高。

- 快速推进关系：对方急于定义和快速推进双方的关系，让你觉得你和对方的关系很特殊，让你逐渐开始依赖这段关系。

2. 应对策略

在情感关系中，面对甜言蜜语，要给自己一些时间和空间慢慢了解对方，保持理性和警觉，提前定好边界，维护自我独立性，寻求外部意见，通过这些策略更好地保护自己，确保自己处于一段健康和平等的关系中。

- 慢慢了解：真正了解一个人需要时间。不要急于和对方确立关系，要花时间观察对方的行为和性格，多看看对方如何为人处世，看对方是否真的值得信赖。
- 保持理性：在关系初期，要保持理性，尤其是当对方的行为让你感到不自然或过分夸张时。尝试客观评估对方的言行是否真实反映了感情。
- 设立边界：在情感上和时间上明确自己的边界。如果对方的某些行为让你感到不舒服，及时与之沟通你的感受和界限，提醒对方已经越界了。
- 保持独立：独立性是健康关系的基础。维持好自己的社交圈和兴趣爱好，不要因为一段关系而失去自我。
- 寻求意见：和信赖的朋友或家人分享你的感受和经历。周围人可以提供外部视角，帮助你识别可能发生的 PUA。

3. 典型话术

对　方： 你是我见过的这个世界上最美丽 / 善良 / 纯真的人。

回应 1： 是不是因为你见过的人太少了？

> **解析：** 暗指你已经发现对方在过度赞美了。

回应 2： 你是我见过的这个世界上最会拍马屁的人。

> **解析：**直接指出你知道对方的褒奖很夸张。

回应3：谢谢。

> **解析：**不搭话茬，不再多说。

对　方：我觉得你是500年一见的美女。
回应1：像你这么有眼光的人可不多了。

> **解析：**用玩笑回应。

回应2：你错了，我是1000年一见的美女。

> **解析：**暗讽对方赞美过头了。

对　方：你怎么这么美？
回应1：因为手机有个功能叫"美颜"。

> **解析：**用玩笑回应。

回应2：因为你有一张抹了蜜的嘴。

> **解析：**用玩笑说明对方赞美过度。

对　方：你太聪明了，你怎么什么都知道。
回　应：有没有可能是因为你知道得太少了。

> **解析：**用玩笑回应。

对　方：你还会做菜啊？你真是心灵手巧。

回应 1： 会做个西红柿炒鸡蛋也叫心灵手巧，你是不是对"心灵手巧"有什么误解？

> **解析：** 澄清定义，暗指对方赞美过度。

回应 2： 不巧不巧，没有你的夸赞技术巧。

> **解析：** 用玩笑说明对方赞美过度。

4.1.2　打破温柔枷锁：反"过度付出和过度关怀"

在建立关系初期，一方通过过度付出和过度关怀让另一方陷入"温柔乡"，看似温柔体贴，实则可能是想快速拉近彼此的心理距离，其中隐藏着操控的意图，他／她旨在让你过度依赖他／她，从而更容易对你进行 PUA。

1. 常见情境

- 过度关怀付出：刚认识不久，对方就为你做了很多超预期的事，如每天送你回家，为你准备三餐，无时无刻不在询问你的感受和需求，或每次在你需要帮助的时候都会及时出现。
- 让你欠人情债：让你因为对方对你的过度付出而觉得自己对其有所亏欠，从而在未来的关系中很难拒绝对方的要求。
- 侵占个人空间：通过过度的关怀和付出，对方慢慢侵占你的个人空间和时间，让你习惯于他／她的存在和帮助，逐渐削弱你的独立性和与外界的联系。

2. 应对策略

面对建立关系初期对方的过度付出，要注意保持警觉，平衡彼此的关系，维护自己设定的边界，在享受关系中的温暖的同时，保护自己不受潜在的 PUA 操控。

- 注意保持警觉：过度的关怀和付出可能隐藏着 PUA，你要保持一定的警觉，不要完全沉浸在对方创造的"温柔乡"中。
- 平衡关系：尝试在关系中保持付出和接受的平衡，不要过分欠对方的人情，避免形成对方完全是给予者，而你完全是接受者的状态。
- 维护边界：在你设定边界后，与对方沟通并维护边界。比如，虽然你很感激对方的关怀和付出，但你也需要个人空间和时间。

3. 典型话术

对　方： 我以后每天上下班都要接送你。

回应 1： 感谢你的好意，不过我自己走会更快一些。

> **解析：** 直接拒绝。

回应 2： 我现在每天都跟另一个同事一起走，你如果接送我了，那个同事就孤单了。

> **解析：** 委婉拒绝。

对　方： 我送你 999 朵玫瑰。

回应 1： 谢谢你，不过咱俩刚认识不久，我收你这个礼物不合适，麻烦你退了吧。

> **解析：** 关系没到相应的程度，拒绝欠人情。

回应 2： 我最讨厌玫瑰花了，不仅碍事还扎手，你买之前怎么不问问我呢？

> **解析：** 直接拒绝。

回应 3： 谢谢，那我给你买一条围巾吧。

> **解析：** 不欠人情。

对　方： 我亲手为你折了 1314 只千纸鹤，现在送给你。

回应 1： 谢谢你，不过我不知道该放在哪里。这样吧，你先替我保管，我以后再找你要。

> **解析：** 委婉拒绝，不欠人情。

回应 2： 之前有个人硬是送我 520 只千纸鹤，我直接扔了。我不需要这种华而不实的东西，你别给我，自己留着吧。

> **解析：** 直接说明自己不需要。

对　方： 我准备花 1 年的工资为你买那件商品，只为让你高兴。

回　应： 请不要这么做，我承受不起你的好意。你如果这样做了，我会觉得你做事没有章法，不够成熟。

> **解析：** 直接拒绝对方，同时表达对方行为带来的负面效应。

4.1.3　保持头脑清醒：反"美好图景与梦幻承诺"

在建立关系初期，对方可能会通过绘制美好的未来图景或做出某种承诺来拉近和你的距离，虽然这种承诺听起来令人向往，但实际上可能是不切实际或虚假的，对方的目的是让你陷入情感依赖，更容易被操控，从而为后续的 PUA 做铺垫。

1. 常见情境

● 规划美好未来：在双方还没确立关系的时候，对方就频繁地谈论你们两人美好的未来，例如共同购房、一起旅行。

● 过早轻易承诺：对方过早地做出重大承诺，如结婚、共度余生等，这些承诺在关系初期显得有些虚无缥缈。

● 做出情感诱导：对方利用美好的承诺，诱导你在情感上做出回应，让你建立起一种对美好未来的期待和依赖。

● 忽视现实问题：在讨论未来计划时，对方往往忽视或轻描淡写地应对实际面临的问题，只强调美好和积极的一面。

2. 应对策略

面对在建立关系初期对方就进行过度理想化的未来规划和承诺，可以理性判断，与对方沟通现实情况，挑明自己的立场，进一步观察对方的行动，确保自己不会因为虚假的承诺而陷入潜在的操控之中。

● 理性判断：面对关于美好未来的承诺，保持理性，对这些承诺进行理性思考和判断。考虑这些承诺是否切实可行，以及对方是否真的有能力和意愿实现它们。

● 沟通现实：与对方进行坦诚的沟通，表达你对现实问题的考虑，及对未来的真实期望和计划，同时询问对方对所做承诺的实际看法和准备。

● 挑明立场：明确告诉对方，你不会仅基于对方对未来的承诺就做出重大的情感决策，让对方知道你们之间的关系需要在相互了解和信任的基础上逐步发展。

● 观察行动：观察对方的实际行动是否与承诺相符。真正有意愿实现承诺的人会通过行动而不仅是言语来证明自己的诚意。

3. 典型话术

对　方: 将来我们可以在海边买一套大房子，你不需要上班，我来负责赚钱养家。

回应1: 你想得太远了，我们好像还没到讨论这类事的程度。

> **解析:** 表达双方关系并没有到做出这种承诺的程度。

回应2: 你说的"将来"具体指的是什么时候？你准备如何实现这个愿景呢？你的想法挺好，不过以咱俩目前的收入，好像离你说的状态有点远，我不知道要如何实现。也许你可以制订个更详细可靠的计划，更务实一些。

> **解析:** 通过要求对方澄清，表达自己已经发现对方在说大话。

对　方: 我想带你去浪漫的土耳其，然后一起去东京和巴黎。

回应1: 环球旅行花费挺大的，你哪里来的钱？

> **解析:** 把畅想拉回现实。

回应2: 你歌词背得挺熟的，说的比唱的好听。你都不用上班吗？你不上班我还要上班呢。

> **解析:** 以玩笑回应，委婉拒绝。

对　方： 将来你和你的父母全部由我来照顾，让我来负责你父母的养老问题。

回应 1： 谢谢，不过我感觉你现在好像连自己都照顾不好。

> **解析：** 聚焦现实问题。

回应 2： 你说的"照顾"具体指的是什么？你具体准备怎么做？

> **解析：** 要求对方澄清细节。

4.2　情侣时期

　　健康的情侣关系应建立在相互尊重、信任和独立的基础上。然而有的伴侣可能会缠着你、控制你，把你与之绑定；有的伴侣为了更好地控制你，可能会用各种方式让你疏远周围的人；有的伴侣为了左右你的情绪，可能会故意表现出阴晴不定的情绪状态。

4.2.1　维护独立人格：反"任何事都与对方绑定"

　　在两人正式确立情侣关系后，如果对方开始尝试控制你，将自己的喜好、决策和价值观强加给你，限制你的个人自由和人格发展，你们之间将形成一种不健康的情感关系。

　　这种控制行为可能表现在多个方面，比如限制你的社交活动、个人兴趣，甚至是对穿着打扮的选择。

1. 常见情境

● 经济控制：对方可能试图控制你的经济状况，影响你的财务
决策，可能会无理要求你透露个人财务信息，影响你的收入
和支出。

● 决策控制：对方试图在两人关系中占据主导地位，不允许你
在重要事务中拥有发言权，要求你在做所有决策时都必须考
虑他／她的感受。

● 行动控制：对方做任何事都要跟你绑定在一起，你做任何事
也都要向对方"汇报"。如果你有什么事没有告诉对方，对
方就会表达出强烈的不满。

2. 应对策略

面对伴侣的控制行为，要保持界限，以同频意识、开放沟通和坚
定立场的方式，有效地应对和改善这种不健康的状态。

● 保持界限：对于让你情感上不舒服的行为，或者已经跨越你
心理边界的行为，要第一时间表达自己的立场和感受。

● 同频意识：你可以找一些关于两性健康关系的信息或资源，
以促进两人长久关系为名请对方一起共同学习。

● 开放沟通：试着与对方进行坦诚、开放的沟通，表达你对控
制行为的担忧和它对你的影响。

● 坚定立场：如果对方的控制行为持续存在，严重影响到你的
幸福感，你可能需要考虑进一步坚定自己的立场，包括暂时
分开或结束关系，以及时保护自己。

3. 典型话术

对　方：你为什么要买那件衣服？那件衣服不适合你，不要买。

回应1： 对不起，我买衣服是为了取悦自己，又不是取悦别人，我自己觉得好看就行。再说我也没用你的钱买，你着什么急？

> **解析：** 明确边界。

回应2： 谢谢你的意见，我想请你详细说说那件衣服哪里不适合我。你为什么会有这样的判断呢？

> **解析：** 要求对方说明细节。

对　方： 这类衣服有什么好看的，以后不要穿了，穿我给你选的那种衣服。

回应1： 看来咱俩审美不一样，我希望你像我尊重你一样，尊重我的审美和喜好。

> **解析：** 维护边界。

回应2： 我发现你这个人控制欲很强，如果你连我穿什么衣服都要管的话，那可能我们不合适。

> **解析：** 通过坚定立场抵御控制。

对　方： 你要去那里吗？我跟你一起去。

回应1： 谢谢你，不过我自己可以处理自己的事，不需要麻烦你。

> **解析：** 礼貌地直接回绝。

回应2： 不好意思，我去的那个活动不允许带朋友。

> **解析：** 找个理由回绝。

对　方： 我后天要去参加一个活动，你跟我一起去那里吧。

回应 1： 对不起，我后天有自己的事，没有办法跟你一起去。

> **解析：** 礼貌地直接回绝。

回应 2： 我想知道我跟你一起去的理由和必要性是什么。

> **解析：** 要求对方说明细节。

对　方： 宝贝，没有你在我身边，我很没有安全感。我不能失去你，离开你的每一分每一秒都是痛苦的。

回应 1： 你出现这种情况多久了？我有个朋友跟你症状一样，后来看了心理医生就好了，要不你也去看看心理医生？

> **解析：** 讽刺对方的情感绑架。

回应 2： 你听起来像个巨婴，让我觉得自己不是在跟一个同龄人交往。以后家里有孩子了，我不仅要带孩子，还要带你？你这个状态让我不敢想象我们的未来。

> **解析：** 表达对方的情感绑架引起了你的担忧。

4.2.2 维系健康社交：反"逐渐让你疏远周围人"

在确立情侣关系后，可能对方开始尝试控制你的社交生活，促使你疏远朋友或家人，限制你与外界的接触，这种行为不仅侵犯了你的社交自由，也是情感操控的一种隐蔽形式。

这种行为造成的影响可能让你的家人和朋友觉得和你接触是打扰你，加深你对另一半的依赖，从而让你落入对方设下的陷阱。

1. 常见情境

- **控制社交**：对方试图限制你与周围朋友的互动，可能会无理要求你减少与周围人的见面次数，或者干涉你的社交选择。
- **限制交往**：对方可能试图限制你与特定朋友或所有朋友的来往，可能会通过负面评论、情感操纵或直接要求来实现。
- **疏远家人**：对方可能对你与家人的亲密关系表示不满，试图减少你们的交流和相聚，以增加对你的控制。
- **质疑动机**：每当你想要与外界接触时，对方可能会质疑你的动机，甚至无端产生嫉妒情绪，制造争吵，让你为了避免冲突而放弃社交。
- **监控社交**：对方可能试图检查你的手机，监控你的社交账号、短信或电子邮件，检查你与周围人的交流内容。

2. 应对策略

面对伴侣试图控制自己社交生活的情况，可以采取坚定的立场保护自己的社交自由，维护自己的社交关系网和个人独立权，必要的时候，寻求外部的支持帮助，或评估两人之间的关系，及时采取措施。

- **坚持社交自由**：在任何健康的情侣关系中，个人都应保持社交自由。与朋友和家人的关系对于个人的幸福感和身心健康至关重要。
- **维护社交关系**：维护自己的社交圈，与伴侣进行坦诚的沟通，明确表达社交自由的重要性，以及你不会接受任何形式的无理要求或控制。
- **寻求支持帮助**：在无法独自解决问题时，如果对方的控制行为让你感到不适或困扰，可以寻求朋友、家人或专业人士的帮助和建议，为这段关系提供更专业的指导和解决方案。

- 评估两人关系：认真评估这段关系是否真正符合你的需求，是否存在健康、平等的互动模式。如果对方的控制行为持续不改，需要重新考虑这段关系的未来。

3. 典型话术

对　方： 我不喜欢你和那个人聊天。

回应1： 抱歉，我不能因为你不喜欢就放弃我的社交。

> **解析：** 直接表达边界。

回应2： 这样啊，那以后我和那个人聊天的时候就不告诉你了。

> **解析：** 表达边界和不满的另一种方式。

回应3： 你跟有些人聊天我也不喜欢，但我尊重和信任你，所以不会干涉你。因此也请你不要干涉我的社交自由。

> **解析：** 要求关系的平等和互相尊重。

回应4： 所以你的意思是不信任我？如果彼此之间没有信任，为什么还要在一起呢？

> **解析：** 推理对方动机，借推理质疑对方。

对　方： 我那天听到你闺蜜在背后说你坏话。

回　应： 是吗？我们都认识 20 年了，这不像是她的行事作风，回头我当面问问她吧。

> **解析：** 不轻信对方的话，表明有误会当面讲清楚。

对　方： 你再跟那个人聊天，咱俩就分手吧。

回应1： 好的，那就分手吧，你现在因为这么点芝麻绿豆大的小事就跟我提分手，以后早晚也要分手的。

> **解析：** 顺水推舟，不受对方的威胁。

回应2： 如果你非要我在那个人和你之间选一个的话，我宁愿选那个人，不是因为我跟那个人的关系有多好，而是因为那个人更像个正常人。

> **解析：** 顺水推舟的同时，表明对方的问题。

对　方： 你爸妈为什么总是过来看你？

回应1： 我们一家人相聚，碍你什么事了？我们让你出钱了，还是让你出力了？你有什么好不满的？不论你怎么理解子女与父母之间的关系，那都是你的理解，你不能拿你的理解来要求我。

> **解析：** 表达边界。

回应2： 我爸妈常来看我有什么问题吗？我还嫌他们过来的次数少呢。你不能因为你和你爸妈不亲近，就希望我和我爸妈也不亲近吧？

> **解析：** 表达边界的另一种方法。

对　方： 你有我就够了，还跟别人接触做什么？

回　应： 你的意思是，我要为了你放弃全世界吗？有你之后，我就得过隐居生活吗？

> **解析：** 用延伸推演法，说明对方要求的荒谬。

4.2.3　安置恐惧不安：反"突如其来的负面情绪"

在恋爱关系中，如果对方通过制造恐惧感和不安，以自己情绪的阴晴不定来控制你的情绪，这种行为有可能是 PUA。

假如你一见到对方就会产生莫名的紧张情绪，发现自己开始特别在意对方的感受，对方情绪小小的变化都能让你内心起波澜，这时候你可能已经身陷 PUA 之中了。

1. 常见情境

- 情绪爆发：对方可能会在不合理的情况下突然情绪爆发，对小事大发雷霆，让你感到困惑和害怕。

- 情绪勒索：对方通过暗示如果你不满足其要求，就会导致其情绪失控，让你感到必须不断努力来维持其情绪稳定。

- 情绪变化：对方的情绪阴晴不定，让你始终处于不安之中，不知道什么时候就会触发对方的负面情绪。

- 恐吓控制：在情绪爆发后，对方可能会使用恐吓的手段，比如威胁分手，来控制你的行为或决定。

2. 应对策略

面对伴侣的情绪操控和制造的不安，要保持冷静，说明自己的立场，增强自我意识，尝试与对方沟通。如果发现这种情况很严重且无法解决，可以寻求外部帮助，评估彼此的关系，考虑是否退出这段关系。

- 保持冷静：面对对方的情绪爆发或变化，尽量保持冷静，避免被对方的情绪所影响。

- 说明立场：在对方开始表现出情绪异常时，就明确告诉对方，虽然你理解和尊重对方的情绪，但不会接受对方通过情绪操控或恐吓来控制你的行为。

- 增强自我意识：增强对自己情绪边界和个人需求的认识，保持独立的个性，不要让对方轻易跨越你的意识边界，影响你的自由意志。

- 尝试沟通：在对方情绪稳定时，尝试和对方沟通，指出其行为对你和这段关系的影响，并探讨更健康的解决冲突的方式。

- 求助外部：如果对方在情绪激动时伴随对你使用武力、造成伤害或采取强硬措施，建议寻求公安机关或亲属、朋友的帮助，保护好自身安全，远离对方。

- 评估关系：评估这段关系是否对你有益，是否值得继续。如果对方的行为持续不变，你可以考虑退出这段关系。

3. 典型话术

对　方： 你明知道我不喜欢吃双面煎的鸡蛋，为什么还要给我做双面煎的鸡蛋！（咆哮）

回应 1： 等你冷静之后，咱们再沟通吧。

> **解析：** 对方情绪激动时，可以先不与对方沟通。

回应 2： 这已经是你第 3 次莫名其妙朝我发脾气了，前面两次我已经警告过你，你依然不改。抱歉，我只能跟你说再见了。

> **解析：** 等对方情绪平缓时，冷静表达自身诉求和决定。

对　方：你如果再不考虑我的感受，咱们就分手吧。（生气状）

回　应：可以啊，如果你总是这样动不动就发脾气，那分手确实是唯一的选择，因为我不知道还要怎么考虑你的感受。

> **解析：** 顺水推舟，当断则断。

4.3　夫妻关系

有的人在与你成为夫妻之前可能看不出有问题，在与你成为夫妻之后，就开始逐渐忽略你的感受，不在乎你的想法和需求了；为了巩固自己的家庭地位，赢得更多的话语权，对方可能会持续地贬低或否定你；为了加剧这种否定，让你产生更深的自我怀疑，对方可能会把家庭中所有问题的责任全部推给你。

4.3.1　掌控自主权：反"无视个人梦想和需求"

在婚姻关系中，如果对方开始无视你的梦想和需求，试图削弱你的自主权和个人意识，这种行为可能导致你们的关系失衡，长期这样下去，可能会对你的心理健康和幸福感造成严重损害。遇到这种情况，你需要认真对待，并采取相应的应对措施。

1. 常见情境

● 忽略你的职业抱负：对方完全不考虑你的职业发展和梦想，甚至阻碍你追求个人的职业发展目标，希望你一切都听对方的，围着对方转。

● 贬低你的兴趣爱好：对你的兴趣和爱好表示不屑，试图让你相信自己的喜好很无聊，想让你逐渐放弃个人爱好。

● 忽视你的想法决策：在一些重要的家庭决策上，完全不考虑你的想法，或者不与你商量而自己直接做出决定。

2. 应对策略

在婚姻关系中，可以通过有效沟通协商、设立明确界限和设定共同目标的方式，帮助自己改善被另一半无视梦想和需求的状态，促进更健康和平衡的伴侣关系发展。

● 有效沟通协商：在合适的时候，坦诚地与伴侣沟通你的感受和需求，清晰地表达你的梦想、职业目标，告诉对方这些对你很重要。

● 设立明确界限：明确你的界限，指出你不愿意在哪些方面妥协。例如，你觉得现在的职业对你很重要，无论如何都不想放弃。

● 设定共同目标：尝试与伴侣共同制定家庭和个人的目标，这有助于双方理解和尊重彼此的需求，为完成这些目标共同努力。

3. 典型话术

对　方：你现在已经成家、有孩子了，一切应该以家庭为重，怎么每天回家了还想着工作呢？

回应1：家长是孩子最好的老师，我努力工作，是想给孩子树立一个积极上进的好榜样，这和以家庭为重哪里冲突了？

> **解析：** 对方想说你的行为对家庭不利，你则可以反驳称自身行为对家庭有利。

回应2： 你说的"以家庭为重"具体指的是什么？我对家庭哪里做得有问题吗？我追求自己的理想为什么不行？

> **解析：** 要求对方说明细节，从而找出对方的逻辑漏洞。

对 方： 你想去做那份工作啊？那份工作有什么好的，别做了。

回应1： 亲爱的，你一向都很通情达理，不会在我的职业问题上不讲道理吧？

> **解析：** 赞美对方品行，委婉表明自己的立场。

回应2： 谢谢你的关心，我自己的工作，好不好我自己最清楚。

> **解析：** 维护边界。

对 方： 你的工作根本没有价值，辞职吧，安心待在我身边。

回 应： 谢谢你的好意，但是我想靠我自己。希望你尊重我的工作，虽然我的工作赚钱不多，但它能给我安全感。

> **解析：** 解释自己行为的目的，确立边界。

对 方： 你都这个年纪了，还要学习、考证啊，有什么必要呢？

回 应： 因为你自己不喜欢学习，就希望我跟你一样也不学习吗？我的人生，我自己做主，我就喜欢终身学习，碍你什么事了吗？

> **解析：** 维护边界。

对 方： 你那份事业不会做成的，最后肯定赔钱。

回　应： 不试试怎么知道不行呢？就算最后真的赔钱了，我也能在过程中收获经验，这对我来说是充实的。我不希望你总是泼冷水。

> **解析：** 表明自己对事业的看法并说出对方的问题。

4.3.2　重新找回自我：反"自尊被持续贬低否定"

在婚姻关系中，对方持续否定你，贬低你的工作、能力、成就，这些行为不仅损害你的自尊心和自信心，还可能导致长期的心理压力和自我怀疑积累。这种负面的情况需要认真对待，并采取相应措施来保护自己。

1. 常见情境

- 持续否定批评：对方经常批评你的决定和行为，很少或根本不给你正面的反馈或支持，这种否定可能是出于嫉妒。
- 贬低个人努力：对方不认可你的个人努力、职业成就或事业发展，甚至公开贬低你的努力，说你的努力毫无价值。
- 贬低个人能力：在面对你的成功或成就时，对方归结于外部因素，无视你的成绩，不承认这是你能力强的结果。
- 削弱个人自信：对方通过不断地贬低和否定，让你开始怀疑自己的价值，减少自我肯定，逐渐失去自我。

2. 应对策略

面对婚姻关系中的持续否定和贬低，可以通过确认自身价值来自我肯定，通过沟通自己的感受来守护交流边界，通过加速个人成长来帮助自己重建自信，维护自身健康的心理状态。

- 确认自身价值：你要认识到自己的价值和能力不应该由别人

的看法来定义。你要花时间总结自己的成就和优点，维护自尊和自信。

● 沟通个人感受：找一个合适的时间，心平气和地向伴侣表达其言行对你产生的影响，清楚地说明你无法接受这种行为。

● 守护交流边界：明确告诉对方你不会容忍任何形式的贬低和否定。必要时，可以考虑通过与对方保持一定的距离来保护自己。

● 加速个人成长：通过参加培训课程、读书等方式增强自身能力，加速个人成长，这不仅能提升自我价值感，也有助于构建外部的支持网络。

3. 典型话术

对　方： 你怎么连这点小事都做不好。

回应1： 是我做不好，还是你认为我没做好？请你详细说说，我具体哪里没做好。

> **解析：** 要求对方说明细节。

回应2： 你的意思是你能做好？那你做给我看看。

> **解析：** 要求对方演示，而不只是口头评价。

回应3： 哦，你能做好是吧？那以后这些事全部交给你做。

> **解析：** 顺水推舟，把问题抛给对方。

对　方： 你折腾了半天，有什么结果？还不如好好待在家里什么都不做。

回应1： 一个什么都不做的家长对孩子的成长更好，还是一个努力追求事业的家长对孩子的成长更好呢? 就算我努力之后没有成果, 至少我的努力能带给孩子正向激励。

> **解析:** 以对家庭有利为名, 表达自身行为正当。

回应2: 我努力尝试, 不是为了这个家吗? 再说你又没有损失什么, 我又没有要求你付出什么, 只是付出了我自己的时间, 你有什么意见?

> **解析:** 划定边界, 表达自身行为正当。

对　方: 就你这种情况, 恐怕也只有我会爱你。

回应1: 我是什么情况? 如果我们在一起不是因为彼此欣赏, 而是因为你可怜我, 或者你想保护弱小, 那大可不必。

> **解析:** 要求对方澄清, 并表明自己立场。

回应2: 你这么说, 让我觉得我好像是一个垃圾, 而你是个捡垃圾的人。如果你这么想问题, 那咱们不适合在一起。

> **解析:** 借助对方话语逻辑表明自己立场。

4.3.3 抵御自责愧疚: 反"所有过失都归咎于你"

在夫妻关系中, 如果对方持续把问题和责任都推给你, 总是让你感到自责、愧疚, 让你反省, 让你觉得自惭形秽, 这反映出你们的沟通关系是不平等的, 可能导致你受到严重的情感伤害, 长期下去可能对你的心理健康产生负面影响。

1. 常见情境

- 持续指责：无论发生什么问题，都归咎于你，即使这件事与你无关。

- 缺乏担当：对方从不承认自己的错误或在问题中的责任，总是找理由或借口。

- 使你质疑自我：长期的指责和归咎导致你开始质疑自己的判断和价值，感到自卑。

- 设置沟通障碍：你尝试讨论问题时，对方避免正面回应，转而攻击你的性格或你以往的错误。

2. 应对策略

健康的夫妻关系应该建立在相互尊重、理解和支持的基础上。面对另一方总是否定自己时，你可以通过保持自我肯定，尝试情感沟通，寻求外部帮助和保留选择权利的方式,保护自己的情感健康和自尊心。

- 保持自我肯定：清晰认识自己的状态，客观判断究竟是不是自己的问题，要明白不是所有的责任都是你的，给自己一些鼓励和积极的心理暗示。

- 尝试情感沟通：找一个对方冷静的时候，和对方尝试沟通关系中存在的问题，指出对方对自己的指责已经伤害到了自己的情感。

- 寻求外部帮助：如果你有些事想不通，可以找自己信赖的朋友或家人帮忙，不要让自己脱离社交，保护自己的健康社交关系。如果情况严重，可以找婚姻顾问或心理咨询师帮忙。

- 保留选择权利：不要禁锢自己的思维，把自己困在某个状态中走不出来。永远不要忘了，如果你改变不了对方，你还可以选择离开。

3. 典型话术

对　方： 这全都是你的错。

回　应： 你从哪里看出来这全都是我的错？说话要有根据，你给我解释一下，什么叫"全都是"？我具体错在哪儿？

> **解析：** 要求对方解释细节。

对　方： 为什么咱家每次出状况都是因为你？

回应1： 因为这只是你的观点。

> **解析：** 说明观点并非事实。

回应2： 因为你只会怪别人，不会从自身找原因。

> **解析：** 说明是对方的问题。

对　方： 你是我见过最差劲的人。

回应1： 那你为什么要跟我结婚呢？

> **解析：** 用对方的逻辑反驳对方。

回应2： 你也是我见过最会责怪别人的人。

> **解析：** 用对方的表达方式回击对方的观点。

对　方： 我这么倒霉，都是因为你！

回　应： 看来你认为我就是你一切问题的根源，如果是这样的话，不如我离开你，你的问题就解决了。

> **解析：** 顺水推舟，表明自己的想法和决定。

第 5 章

反家庭 PUA

　　除了职场关系和两性关系，家庭关系中也常见 PUA 发生，尤其是家庭中的长辈或处于强势地位的人可能会经常 PUA 晚辈或身处弱势地位的人，具体较常发生在婆媳关系、父母与子女关系、亲属关系这 3 类关系之中。

5.1 婆媳关系

婆媳关系是婚姻家庭生活中必须要学会处理的。本书用婆媳关系指代公婆与儿媳妇之间的关系。在一些家庭中，婆婆可能想让儿媳妇觉得能跟自己儿子结婚是高攀，可能想让儿媳妇做到三从四德，可能过分干涉儿媳妇和儿子的生活。

5.1.1　回击王婆卖瓜：反"嫁给我儿子有福分"

在婆媳关系中，婆婆对儿媳妇最常见的 PUA 是让儿媳妇觉得她配不上自己的老公。婆婆会暗示自己儿子是全世界最优秀的，儿媳妇能嫁给他是上辈子修来的福分。

1. 常见情境

- 不断比较：婆婆经常将儿媳妇的行为和儿子的期望相比较，强调儿子的优点和儿媳妇应该怎样做才能配得上儿子。
- 忽视努力：婆婆可能会忽略或贬低儿媳妇为家庭所做的努力和贡献，认为她做的这些都是应该的，同时过分夸大自己儿子对家庭的作用。
- 过度干预：在生活的方方面面对儿媳妇提出指导和要求，以"为你好"为名，实则是过度干预和控制。

2. 应对策略

处理婆媳关系中的这类问题需要时间、耐心和相互之间的理解。通过保持冷静尊重、维护自尊自信、尝试尊重沟通、尽量聚焦正面和避免直接接触等方式，逐渐改善婆媳之间的关系，营造一个更和谐的家庭环境。

- **保持冷静尊重**：尽管这种情况会让你生气，但婆婆毕竟是长辈，你要让自己保持冷静，不要冲动，对婆婆表示尊重。任何冲动的言辞或不尊重的回应都可能导致婆媳关系恶化。

- **维护自尊自信**：认识到自己的价值不取决于别人的评价。保持自尊，不因为婆婆的言论而怀疑自己的价值。

- **尝试尊重沟通**：找个合适的时机，以尊重和理解的态度与婆婆沟通。表达你的感受，同时也尝试理解婆婆的出发点，强调你希望共同努力，建立一种互相尊重和理解的家庭关系。

- **尽量聚焦正面**：尽可能聚焦于和婆婆相处过程中的积极方面，避免无休止的争执。尽量体谅婆婆，认识到改变别人的观念可能需要时间。

- **避免直接接触**：如果已经很努力了，情况仍没有改善，可以想办法减少与婆婆相处的时间，给自己更多独立的时间和空间。

3. 典型话术

婆　婆： *以前的时候，我儿子可是有很多女生倒追的。*

回应 1： *是吗？我跟他认识这么久，还从来没听他提过呢。您这么一说，我倒是得评估一下我们俩之间的坦诚度了，也不知道那些女生还有没有再跟他联系。*

> **解析：** 借婆婆对自己儿子的褒奖，反过来质疑她儿子有事瞒着自己，让婆婆感觉她好像说错了话，会对自己儿子的婚姻关系造成影响。

回应 2： *他是不是没告诉您，当初有十几个男生追我，我最终选择了他。*

> **解析:** 正面回应婆婆的优越感,让她知道你也不差。

婆 婆: 你怎么连做饭都不会,你看我儿子,事业有成,还做得一手好菜。

回 应: 哦,这样啊,我确实不会做饭,您想表达的具体意思是?

> **解析:** 表明婆婆如果有什么不满,可以当面明确地说清楚,不必冷嘲热讽。这种情况下,你打破砂锅问到底,真让她明确地说出来,她反而知难而退,不敢说了。

婆 婆: 能嫁给我儿子,是你的福分,你可偷着乐吧。

回 应: 结婚之前,他经常跟我说能娶到我是他一辈子的幸福,我也是因为这个才答应嫁给他的。婚姻中两个人是彼此的福分,是彼此的幸福。

> **解析:** 表明婆婆对夫妻关系的认知和夫妻两人间的实际状况并不相符,暗指有些事只是婆婆的一厢情愿,她儿子并不这么想问题。

婆 婆: 这个家全靠我儿子,没有我儿子赚钱养家,你哪里来的幸福生活。

回 应: 我理解您对您儿子的爱和他带给您的骄傲,我也非常尊重和珍视咱们的家庭。但家和万事兴,我希望我们都可以视彼此为平等的家庭成员,相互尊重和珍惜彼此。

> **解析:** 直接表达希望拥有彼此尊重的家庭氛围,这样相处,家庭关系才有可能长久,委婉表达婆婆在没事找事。

5.1.2　批判封建礼教：反"媳妇就该三从四德"

在一些婆媳关系中，婆婆可能持有传统的观念，认为儿媳妇就该做到三从四德，对儿媳妇的道德、行为、修养等有某种规范要求，并期望儿媳妇完全服从婆家的要求。

1. 常见情境

- 价值观侵犯：婆婆坚持按照自己对家庭角色的理解来要求儿媳妇，认为儿媳妇应该按照自己要求的行为模式做事。
- 人生观冲突：对于该如何过好自己的人生，在日常生活的安排上，婆婆期望儿媳妇完全遵循婆家的传统习俗和规范。
- 自主权设限：婆婆可能对儿媳妇的个人选择进行过多的限制，从穿着打扮到职业决定，都要求符合"三从四德"。

2. 应对策略

面对婆婆借传统礼教要求儿媳妇的行为时，儿媳妇可以通过设立界限和真诚沟通的方式，来平衡双方的需求和期望；也可以寻求配偶的支持，或者寻找与婆婆之间关系的平衡，努力建立一种基于相互理解和尊重的健康婆媳关系；还可以不把关注点放在家里，尝试从外部发现自我价值。

- 设立界限：对于不合理的要求和干预，你可以婉转但坚定地设立界限，让婆婆知道你尊重她，尊重传统，但也有自己的生活方式和需求。
- 真诚沟通：找一个合适的时机，耐心地与婆婆沟通你的感受和看法，尝试从婆婆的角度理解她的期望，同时表达你希望如何平衡双方的生活方式。

- 寻求支持：与配偶讨论这些问题，寻求他的理解和支持。作为桥梁，儿子的态度和行动对能否改善婆媳关系至关重要。
- 寻找平衡：尝试找到与婆婆之间的共同点和共同兴趣，这有助于增进彼此之间的相互理解。可以在特定的日子尊重婆家习俗，在日常生活中保持个人的生活方式。
- 发现自我价值：你的价值不只来源于你在这个家庭中的角色。在家庭以外寻找或维持自己的兴趣和社交圈，有助于增强你的自我价值感，还可以为你提供额外的情感支持。

3. 典型话术

婆　婆： 你看××家的儿媳妇，真懂规矩。

回　应： 她是挺懂规矩的，您可能没听说，那两口子正闹离婚呢。您再看××家那两口子，因为没那么多规矩，家人之间平等、互相尊重，生活幸福美满，长长久久。

> **解析：** 用一些负面或正面的例子对比，让婆婆知道健康的家庭关系应该是什么样的。

婆　婆： 结婚两年多了，早该生孩子了。不生孩子就是不孝。

回　应： 妈，关于生孩子的问题，是我们夫妻之间的事。我们已经沟通好了，在这个问题上您有任何疑问，可以去问他。

> **解析：** 借伴侣来平衡观念问题，不直接与婆婆起冲突。

5.1.3　驳倒过分干涉：反"婆婆干涉自己生活"

在婆媳关系中，婆婆可能比较强势，过分干涉儿媳妇和儿子的生活，这种干涉可能涉及生活习惯、家庭决策、育儿方式、个人隐私等多个方面。

1. 常见情境

- 干涉生活习惯：婆婆对儿媳妇的生活习惯，如饮食、睡眠时间、家务分配等发表意见，并强迫儿媳妇按照她的方式来调整。

- 干预家庭决策：婆婆在夫妻的家庭事务中插手，如购房、生子、休假安排等，认为夫妻双方应该听从自己的意见。

- 指导育儿方式：婆婆对儿媳妇的育儿方式提出批评和指导，认为自己的育儿经验更加正确有效。

- 忽略个人隐私：婆婆任意闯入夫妻生活，例如不敲门进入儿媳妇的私人空间，或未经允许就翻动儿媳妇的个人物品。

2. 应对策略

面对婆婆干涉自己的生活，你可以和伴侣统一看法，制定双方认可的规则，通过保持社交距离，保护私人空间和组织家庭会议等方式，与婆婆寻找和谐相处的方法，维护家庭关系的平衡。

- 统一看法策略：与你的伴侣讨论并达成一致的看法和策略，确保你们在重要问题上立场一致，并共同面对婆婆的干涉行为。

- 共同制定规则：在某些具体事项上，与伴侣一起尝试和婆婆讨论，共同制定一些大家可以接受的规则或指导原则。

- 保持社交距离：与伴侣讨论并一致确定家庭界限，然后一起向婆婆明确表达这些界限，强调彼此尊重的重要性，以及保持一定距离的合理性。
- 保护私人空间：对于私人空间和个人物品，需要坚定地维护自己的隐私权。礼貌但坚决地拒绝任何侵犯个人隐私的行为。
- 组织家庭会议：定期举行家庭会议，讨论家庭事务，包括每个人的期望和需求。这有助于增进理解和减少误会。

3. 典型话术

婆　婆： 你怎么怀孕了还穿高跟鞋?

回　应： 妈，我今天有个活动，只穿了一会儿，平时都不穿的。怀孕该注意什么我都知道，我能照顾好自己。

> **解析：** 对婆婆的一些误解，不要着急争辩，直接解释即可。

婆　婆： 你怎么能给孩子吃这个呢，多没有营养!

回应1： 孩子吵着要吃，半年了就吃了这么一次。我是孩子的妈妈，我跟您一样担心孩子，难道我会希望自己的孩子健康出问题吗?

> **解析：** 解释过后，说明边界。

回应2： 妈，我朋友是专业的营养师，我已经请教过她了，我很清楚从科学上来讲这个有没有营养。如果没有把握，我怎么会让孩子吃呢?

> **解析：** 用专业说话。

回应3： 妈，您不是经常说 ×× 是吃这个长大的，他现在不也挺好的。再说孩子半年才吃了一次，影响很小。

> **解析：** 借对方的观点反驳对方。

婆　婆： 我给你们带了 3 年的孩子，怎么就不能对你们的生活提点意见了？

回　应： 您当然可以提意见，我们尊重您的意见，也会慎重考虑您的意见，但我们有自己的生活，最终决定时会考虑很多因素。

> **解析：** 面对情感绑架，客观表明立场。

5.2　亲子关系

有的父母对子女缺乏正确的教育理念，一味打压和否定子女，总拿子女与别人对比；有的父母不准子女有自己的想法，过分控制子女的人生；还有的父母为了让子女达到自己期望的样子，不惜"卖惨"示弱，频频道德绑架子女。

5.2.1　冲破打压否定：反"拿你与别的孩子比"

有的父母常常打压和否定孩子，习惯将自己的孩子与别人家的孩子相比较，通过让孩子自我否定，完成对孩子某种理念的灌输，或促成孩子产生某种行为。

1. 常见情境

- 打压式比较：父母将你的成就、行为或性格与别人家的孩子进行比较，显示你不如别人家的孩子。尤其是当比较对象所处的环境或条件不如你时，更加显示你不应该像父母所说的那样不优秀。

- 忽视个人成就：父母忽略或贬低你的成绩、成就或努力，总是指出不足之处，很少给予正面的认可和鼓励。

- 设定过高期望：父母对你设定了不切实际的高期望，当你未能达到这些期望时，就会遭到批评和责备。

2. 应对策略

面对父母的打压和否定，可以尝试采取积极主动的态度进行沟通，从而为彼此设定界限；通过独立思考和自我肯定，帮助自己更好地保护自尊；必要时，可以寻找外部支持。

- 主动沟通，设定界限：找一个适当的时间，以冷静和理性的方式明确告诉父母，虽然你尊重他们，但不合理的比较和期望是你无法接受的；然后可以通过与父母设定清晰的界限，保护自己不受负面影响。

- 独立思考，自我肯定：发现并了解自己的优点和成就，自己给自己鼓励，时刻提醒自己，父母的评价不能定义你的价值，增强自我肯定和自尊心。

- 寻找外部支持：从信任的亲戚或朋友那里寻找心灵慰藉，从周围人那里得到更多肯定，保持健康的自尊和自信水平。

3. 典型话术

父　母：你看人家 ×× 的学习成绩，你再看看你的！别人家的孩子总是那么优秀，你能不能争口气？

回应 1： 如果我对你们说：你们看看人家 ×× 的父母，再看看你们！你们能不能争口气？你们会怎么想？我们都尽力做好自己，不要过分要求对方可以吗？

> **解析**："你看看人家孩子"可以转变为"你们看看人家父母"，用子女对父母的期望反击父母对子女的期望。

回应 2： ×× 的父母是学霸，每天晚上都会辅导 ×× 功课，要不你们也辅导一下我的功课？或者以后能不能至少不要在我想学习的时候看电视？别只要求别人付出，只想要好的结果，自己却不想付出。

> **解析**：把父母对子女的要求转化为子女对父母的要求，借此寻求相互理解。

回应 3： 我已经付出了自己最大的努力，我不知道还能做什么。不管我多努力，在你们这里得到的都是失望和不满，那我以后是不是索性就不用努力了？

> **解析**：侧面表达父母对自己应该多一些理解和鼓励，而不是一味批评。

父 母： 你怎么这么笨，这点小事都做不好，你将来还能做什么？

回应 1： 对不起，我就是个笨蛋，已经笨得无可救药，让你们失望了。

> **解析**：自损式示弱，让父母感受到自己的言辞很过分。

回应 2: 我想可能是基因遗传造成的吧。

> **解析:** 比较直接的回应，可以在必要时使用。

父　母: 你以前挺优秀的，怎么现在成这样了？

回　应: 可能因为我的父母以前挺通情达理的，现在要求越来越高了。

> **解析:** 父母试图将你与当初的自己对比，你也可以反向把现在的父母与当初的父母对比。

5.2.2　突破专横霸道：反"过度控制你的决策"

有的父母仗着自己的长者身份，对子女过度控制、专横和频繁指责，试图淹没子女的个人需求，让子女按照他们的方式生活。

1. 常见情境

● 打着"为你好"的名义：父母会忽视你的想法和需求，说自己要求的一切对你都是有利的，借此让你做出他们想见到的行为。

● 决策控制：父母在你的学习、职业选择、爱好甚至社交活动等方面强制做出决策，很少考虑你的真实意愿和兴趣。

● 倚老卖老：父母仗着年龄大和长辈身份，认为你必须无条件顺从他们的意愿。

● 各类限制：有的父母过度干涉子女的私生活，例如检查个人物品、要求了解所有私人信息等，严重侵犯了子女的个人隐私。

2. 应对策略

面对父母的过度控制和指责，你可以根据自己设定的边界坚决反驳，通过独立思考和构建自主生活方式来保护自己的界限。在一些问题上可以寻求平衡，对于一些复杂的问题，可以向外部寻求帮助。

- 坚决反驳：如果你想拥有独立自主的生活，可以根据自己设定的边界，坚决反对父母对你的控制，告诉父母你尊重他们的意见，但也希望他们尊重你的决策和选择。
- 独立思考：增强自己的独立思考能力，在思想和情感上做到独立，减少对父母的情感依赖，增强自我决策的能力。
- 构建自主生活方式：构建属于自己的学习、工作和社交等生活方式，增强自己的独立生活能力，减少对父母的依赖。
- 寻求平衡：对于一些有待商榷和可以进一步思考的决定，不妨与父母坐下来好好谈谈，彼此在这个问题上也许可以妥协，求得某种观念或行动上的平衡。
- 寻求外部帮助：在处理复杂的家庭关系问题时，可以试着寻求外部的帮助，比如请教心理咨询师，以获得更专业的指导和支持。

3. 典型话术

父　母： 我要求你那样，一切不都是为你好吗？

回　应： 我不想那样。如果真的为我好，就应该……

> **解析：** 表达清楚自己的需求。

父　母： 我们把你养大，供你吃喝，你现在翅膀硬了，都会顶嘴了，我们管不了你了。你真是自私，白眼狼！

回　应： 我就是自私，我想要按照我的想法生活。

> **解析：** 可以不反驳，接受一切负面的指责和评价，然后顺理成章式应对。

父 母： 我是家长，我说不行就是不行，你必须听我的！

回 应： 我是个独立自主的人，我有我的思想。如果您说的在理，我也认可，当然会听，但如果您说的与我的观念相悖，我会听从自己的内心。

> **解析：** 直接表达立场。

父 母： 别人家都是这样的，你也要……

回 应： 别人家指的是谁家？有事实依据吗？为什么别人家这样我也要这样？

> **解析：** 要求父母给出事实依据，就算真有事实依据，也不能作为让自己行动的依据。

父 母： 今天你要是敢踏出这个家门，我们就断绝关系。

回应1： 我理解你们可能对我的某些决定感到不满，我希望我们可以坐下来平心静气地讨论这件事，通过沟通来解决问题。

> **解析：** 寻求沟通来解决冲突。

回应2： 我觉得我们都需要一些时间冷静下来，思考一下我们真正想要什么。我提议我们可以暂时先不讨论这个问题，给大家一点时间和空间。

> **解析：** 如果双方情绪都比较激动，可以提出先不处理，后续冷静下来后再探讨。

回应3： 也许这个问题对我们来说非常难处理，我在想是否可以邀请一位咨询师来帮我们理一理头绪。有时候第三方的意见能帮我们看到不同的解决方式。

> **解析：** 引入外部支持。

5.2.3　捅破悲情威胁：反"'卖惨'示弱与道德绑架"

有的父母试图通过示弱、"卖惨"、倚老卖老或道德绑架的方式控制子女，让子女背上道德的枷锁，产生愧疚感，从而对父母百依百顺。

1. 常见情境

- "都是为了你"：父母会说自己做的一切都是为了你，如为了你吵架、为了你不离婚、为了你牺牲个人时间、为了你放弃职业或事业。
- 示弱"卖惨"：有些父母在遇到问题时过度强调自己的困难和无助，期望子女因为同情而满足他们的要求。
- 道德绑架：有的父母通过提醒子女对父母的责任和孝道，使子女产生道德上的负担，不得不按照他们的意愿行事。
- 情感操纵：有的父母通过表达失望、伤心或愤怒的情绪，让子女感觉愧对他们，以此来操纵子女的决策和行为。

2. 应对策略

如果父母对你实施道德绑架，你可能会产生比较强烈的负面情绪，这时候首先要保持冷静、理性；然后尝试沟通并重申个人界限，可以委婉表达理解，但也表示希望得到父母的尊重；平时可分享教育知识，尽可能让父母多了解一些正常、健康家庭关系应有的状态。

- 保持冷静理性：面对这类情境时，虽然你可能会产生强烈的羞愧感或愤怒情绪，但要保持冷静，避免被情绪化的言论所影响。
- 重申个人界限：对于不合理的要求，需要明确地表达自己的界限，让父母知道你的立场。
- 委婉表达理解：表达心里感恩父母的付出，对父母情感表示理解，但同时清晰地表达你无法满足父母的所有要求。
- 分享教育知识：如果你的父母有这类倾向，功夫要用在平常，可以在日常生活中多给父母分享一些关于健康家庭关系的信息，帮助他们理解过度控制和操纵的负面影响。

3. 典型话术

父　母： 为了你，我放弃了事业，你如今竟然……

回　应： 您的意思是，如果没有我，您必然事业有成？看××家，孩子比咱家还多，怎么他们的父母也能事业有成？所以事业不成到底是谁的问题？

> **解析：** 直接反驳父母对自己的负面归因。

父　母： 你怎么能去那么远的城市呢？离我们那么远，难道你不要爸爸妈妈了吗？

回　应： 我去那个城市是发展事业，和要不要你们有什么关系？现在网络这么发达，随时可以视频通话，而且交通也很便利，有高铁，又有飞机，想回来几个小时就回来了。

> **解析：** 用客观事实回应。

父　母： 你知道我为这个家付出了多少吗？我付出这么多，还不都是因为你？真是狼心狗肺，一点都不知道感恩。

回　应： 谢谢您的付出，可我也为您不稳定的情绪付出了很多。

> **解析：** 用自身付出回应父母的付出。

父　母： 我身体已经很不好了，你要是再气我，病会更严重。

回　应： 我没有气您，我长大了，只是在过自己的生活，完全没有气您，是您自己看不惯。

> **解析：** 直接反驳父母对自己的负面归因。

5.3　亲属关系

在亲属关系中，总会有一些好管闲事的亲戚想要插手你的人生。有的亲戚可能想插手你的婚恋状况，让你按照他们期望的状态恋爱结婚；有的亲戚可能想插手你的职业规划，让你从事他们期望的职业；还有的亲戚想要插手你生活中的一切，影响你的价值观，左右你的选择。

5.3.1　掌控人生规划：反"七大姑八大姨催婚"

逢年过节等家庭聚会的场合，很多人要面对亲戚的催婚，这种过度干涉会让你感到有压力和不自在，长期身处这种环境会让人感觉很痛苦。

1. 常见情境

● 询问催促：家庭聚会时，亲戚不断询问你的感情状况，对你的单身状态表达关切甚至是不满。

● 比较竞争：亲戚将你与其他已婚的家族成员或朋友比较，强调结婚的重要性和紧迫感。

● "提供帮助"：不请自来地提出帮你介绍对象，甚至在未征得你同意的情况下就安排相亲。

● 施加压力：借助传统文化和道德观念施加压力，认为结婚生子是个人的必经阶段和责任，逼你做出改变。

2. 应对策略

面对亲戚的催婚，可以预先准备回应，维护个人界限和强调个人选择，尝试转换话题，减少不必要的冲突，必要时寻求同类人的支持和帮助。

● 预先准备回应：对于可能遇到的催婚话题，提前根据可能会询问的亲戚的情况，准备一些既有礼貌又能有效转移话题的回应。

● 维护个人界限：坚定但礼貌地向亲戚表达你对这种催婚行为的感受，让他们知道这种持续的询问和干预让你感到不舒服。

● 强调个人选择：强调结婚是个人的选择和决定，每个人的生活节奏和人生规划都不同，不应该被外界过度干预。

● 转换话题：学会巧妙地转换话题，将聚会的焦点从个人的婚恋状态转移到别的话题上，例如当下热点新闻、亲戚间的新鲜事或对方更关注的人事物等。

● 避免冲突：如果直接回应无效，可以尽量避免或减少参与可能会遭遇催婚逼问的家庭聚会，或找借口暂时离开发生催婚逼问的场合。

- 寻求支持：和处于类似情况的朋友或家族成员交流，寻找共同的应对策略，互相提供支持和帮助。

3. 典型话术

对　方： 你都 30 岁了，你父母早就希望你结婚了，你怎么那么不听你父母的话呢？

回　应： 我是 30 岁，又不是 3 岁，怎么评价我的标准还是我听不听话呢？

> **解析：** 俏皮式回应。

对　方： 呦，都长这么大了，有没有对象啊？结没结婚啊？准备什么时候结婚啊？

回　应： 我不着急，阿姨，您儿子现在怎么样了？我记得他以前学习挺好的，现在多大了？有没有毕业？有没有工作？对职业有什么规划？谈没谈恋爱？准备什么时候结婚？

> **解析：** 反问对方，转换话题。

对　方： 你看你条件这么好，怎么还不找对象呢？

回　应： 阿姨，您孩子岁数也不小了，那条件比我还好呢，怎么也还没找对象啊？什么原因啊？

> **解析：** 转移矛盾。

对　方： 怎么年龄这么大了还不找对象？

回应1： 你若盛开，清风自来。心若浮沉，浅笑安然……

> **解析：** 文艺青年式回应。

回应2： 这个话题咱们以后就不要再聊了，这是我个人的事情，不想跟别人讨论。

> **解析：** 直截了当说明边界。

对　方： 我这里正好有个适合你的人选，我安排你们见个面聊聊吧。

回应1： 您不知道，我这个人有一大堆的缺点……

> **解析：** 自损式回应。

回应2： 我的人生已经有安排了，我准备1年后找对象，3年后结婚，4年后生子……

> **解析：** 说明自己的人生规划。

5.3.2　坚定个人追求：反"对你的职业评头论足"

有的亲戚可能在聚会时频繁对你的职业生涯评头论足，或不断拿你与别人的职业／事业进行比较，导致你感到有压力和挫败，试图影响你的价值观或职业／事业选择。

1. 常见情境

● 职业建议：亲戚试图告诉你什么样的职业是"好"的，哪些职业有"前途"，即使这些建议并不符合你的价值观，或并不适合你的兴趣和职业规划。

- 职业比较：亲戚经常拿你的工作与其他人的工作比较，包括薪资、职位或行业地位等，特别是与那些在传统意义上看起来更成功的亲友比较。

- 忽视成就：即便你在当前职业 / 事业中已经取得了一定成就，客观上已经比较优秀了，亲戚也可能忽视这些成绩，认为你如果换个行业或职业会发展得更好。

- 贬低选择：对于你选择的职业领域或特定工作，亲戚可能持负面态度，认为这些选择不够好或不值得骄傲。

2. 应对策略

面对亲戚对你的职业评头论足，要保持自信，坚定自己的选择，并通过有效沟通和设定界限来减少负面影响，可以试试转换话题。同时，要专注于个人职业发展和成就，必要时找理解自己的人寻求安慰。

- 坚定选择：清楚地知道自己为什么选择当前的职业路径，比如个人兴趣、职业目标和长期规划。这样在面对亲戚的评价时，你可以更加自信地坚持自己的决定。

- 有效沟通和设定界限：向亲戚表达你对自己职业选择的满意度，说明亲戚的言论对你有什么影响。强调你希望得到的是支持而不是评判。明确告知亲戚，虽然你尊重他们的意见，但职业决策是你个人的事务。如果有必要，设立明确的界限，表明你在某些话题上不希望继续讨论。

- 转换话题：在家庭聚会或其他场合遇到对你不友好的职业评价时，学会巧妙地转换话题，避免不必要的争执或压力。

- 专注职业发展：继续在自己选择的领域内成长和发展，参加培训、提升技能，通过实际成绩来证明自己的职业价值。

● 寻找安慰：向理解和支持你的朋友或同事寻求鼓励，多与在职业话题上有共同语言的人聊这个话题，与他们分享职业上的心得和成功，讨论面临困难的有效方法。

3. 典型话术

对　方： 现在做什么工作呢？听说你换工作了，这个行业能挣钱吗？感觉不稳定吧？

回　应： 确实是个全新的领域，挑战多多，但也非常让人有成就感。我相信每个行业的稳定性都是靠个人的努力和发展来维系的。

> **解析：** 积极正面回应，展现对自己职业选择的信心和乐观，同时没有直接反驳对方的疑虑，显得礼貌而考虑周到。

对　方： 你上班远吗？每天上下班花多少时间？这样值得吗？

回　应： 有一段距离，不过我可以利用在路上的时间阅读和规划，挺充实的。每个人对"值得"的定义不同，对我来说，这样的安排很适合。

> **解析：** 转换视角，通过表达自己可以有效利用通勤时间，并且在回应中自然流露出对当前生活安排的满意和乐观，减少了直接冲突。

对　方： 我听说现在做 ×× 行业很好啊，你为什么不考虑考虑？

回　应： 那确实是个好行业，不过我现在这个领域也有很多成长空间和机会。我更喜欢现在的工作，因为它更符合我的兴趣和长期职业规划。

> **解析：** 首先肯定对方的建议，然后解释自己的选择，这样既展示了开放的态度，也表明了自己的决定是经过深思熟虑的。

对　方： 你这工作稳定吗？ 工作还是应该稳定才好啊！

回　应： 稳定的工作固然好，但现在也有很多行业机会多、成长快，适合我这种喜欢挑战的性格。

> **解析：** 通过对比不同职业路径的优势，展示个人职业选择的合理性，同时避免贬低任何一方。

对　方： 你这么聪明，怎么不去 ×× 领域发展呢？

回　应： 每个领域都有适合它的人，我很热爱我现在的这个领域，也正在发挥我的长处。找到自己的位置很重要，不是吗？

> **解析：** 明确告诉对方，自己热爱当前领域，强调个人选择的自由。

5.3.3　保护价值导向：反"给你生活乱提建议"

有的亲戚试图用自己的想法来左右你的判断，让你感觉自己好像"没活明白"。他们对你的生活方式、世界观、人生观和价值观无休止地提建议，试图改变你，让你按照他们认为对的想法生活。

1. 常见情境

● 强加价值观：亲戚不断地强调他们认为正确的生活方式、人生选择，试图说服你放弃自己的信念，接受他们的价值观。

● 不尊重选择：无论是职业决策、兴趣爱好，还是日常生活中的小事，亲戚总是批判你的选择，认为他们的选择才是正确的。

- 道德绑架、用传统文化施压：亲戚用道德绑架的方式或者以传统文化为理由，来要求你遵循他们的期望和规范。
- 干预个人决策：在重要的人生决策（如教育、职业、婚姻）上，亲戚试图过度干预，不给予你足够的自主空间。

2. 应对策略

每个人都有权利根据自己的三观（世界观、人生观和价值观）来塑造自己的生活。面对亲戚试图控制或影响你的三观和生活方式，可以采取坚定的立场，通过彼此尊重的沟通维护界限；通过持续学习、自我成长，塑造、明确和坚定自己的三观；面对负面信息时，树立心理屏障保护自己。

- 坚定立场：每个人都有权利按照自己的理解和愿望生活，明确自己的价值观和生活选择，并坚定地维护它们。
- 彼此尊重：尝试与亲戚进行彼此尊重的沟通，表达你理解他们的好意，但同时希望他们尊重你的价值观和个人选择。
- 维护界限：对于亲戚过度干预的行为，礼貌地但坚决地设立界限，让他们明白，在某些个人的选择和决策上，你希望能够独立做出判断。
- 自我成长：通过持续学习，不断丰富和发展自己的三观。这不仅能帮助你更好地坚持自己的立场，也可能为你与亲戚的沟通提供新的视角和论据。
- 树立心理屏障：保持自己的幸福感和心理健康很重要。当亲戚的三观与你的三观存在冲突时，屏蔽那些对你不利的信息，保护自己不受负面影响。

3. 典型话术

对　方： 你看你都不怎么出门，整天"宅"在家里，这样不会觉得生活无聊吗？

回　应： 我其实很享受在家的时间，可以看看书、看看电影、做做瑜伽，这种安静的生活方式让我感到很放松和满足。

> **解析：** 肯定个人选择，通过解释自己的生活方式带来的具体乐趣和益处，向对方展示你的生活方式同样充满价值和意义。

对　方： 你怎么不像其他人那样努力赚钱呢，现在不抓紧时间多赚钱，以后会后悔的。

回　应： 我理解赚钱的重要性，但我也重视工作与生活的平衡。我的选择让我既能满足基本生活需求，又能保持个人精神和身体的健康，我觉得挺好的。

> **解析：** 表达自己重视工作与生活平衡的理念，强调自己看重生活质量，表明金钱虽然重要，但生活的幸福感和满足感对自己同样重要。

对　方： 现在社会上的很多人都是实用主义者，你这种理想主义的想法太天真了。

回　应： 每个人都有自己的生活哲学和个人追求，实用主义不能带给我快乐，而理想主义却能让我保持动力和热情。

> **解析：** 承认自己的世界观可能与众不同，但这种差异恰恰构成了个人独特的动力源泉。

对　方： 你应该多出去见见世面，多交朋友，别总是一个人孤孤单单的。

回　应： 哦，你可能不知道，我其实有很多兴趣和爱好，也有一些挚友常常一起活动。我喜欢现在的生活方式，既有社交也有属于自己的独处时间。

解析： 解释自己有平衡社交和个人时间的方式，表明自己不依赖于常规的社交活动也能获得生活的满足感和幸福感。

第 6 章

反校园 PUA

校园中也有 PUA。有的同学想要在班级中占据优势地位，抢夺班级中的话语权；有的老师想要控制学生的行为，让学生完全受制于自己，为自己的利益服务。

6.1 同学之间

同学之间除真挚的友谊外，还可能存在以下情况：个别同学对其他同学实施语言暴力；个别同学在校园里拉帮结派，故意排挤某些同学；个别同学总是无节制地找其他同学帮忙，压榨某些同学；个别同学因为嫉妒其他同学，嘲讽或孤立他们。

6.1.1 立即出言警示：反"语言暴力伤害自尊"

校园中，有的同学可能通过取绰号、实施语言暴力和校园霸凌等方式贬低、压迫和控制你，伤害你的自尊心和自信心，影响你的言行。

1. 常见情境

- 取绰号：基于某些个人特征（如外貌、兴趣、行为方式等）给你取绰号，或者用某个负面词语给你贴标签。
- 实施语言暴力：使用侮辱性语言、嘲讽或恶意的评论攻击你，对你造成情感伤害。
- 实施校园霸凌：在言语或行为上恶意攻击你、排挤你，也可能对你实施网络霸凌，即在互联网上对你进行恶意攻击和嘲讽。

2. 应对策略

面对校园里的语言暴力或霸凌，要保持冷静，积极地主张正义，做好自我保护，注意寻求帮助，构建自己的支持网络，通过兴趣爱好或集体活动维护自尊。时刻牢记，你不是孤独的，你永远可以向周围人寻求帮助。

- 保持冷静：面对这些行为时，保持情绪上的冷静，避免立即出现情绪化反应，因为过激的反应可能影响你的判断，让你的言行变形，反而加剧问题。

- 主张正义：当你遭受霸凌时，要勇敢面对，第一时间回应和制止对方的霸凌行为，并立即向有关人员报告这件事。

- 自我保护：在某些有武力胁迫和人身安全威胁的情况下，一定要注意保护自己，不要硬碰硬。在网络环境中，可以向平台管理员投诉或申诉恶意内容。

- 寻求帮助：与你信任的成年人（如老师、学校辅导员、教导主任、家长等）讨论所遇到的问题，请求他们提供支持与帮助，共同寻找解决问题的途径。

- 构建支持网络：与其他同学建立积极的关系，找到更多可以支持自己的朋友，这样可以减少被霸凌的机会，也可以在遇到问题时获得帮助。

- 维护自尊：通过参与课外活动、兴趣小组等集体活动，增强自信心和自尊心，增强自我价值感，降低来自他人的负面评论对自己的影响。

3. 典型话术

对　方：嘿，×××（绰号），过来一下，嘿，叫你呢。（公开嘲笑）

回应1：我有自己的名字，请你以后用我的名字来称呼我。

> **解析：**直接回应，明确告诉对方你的感受和界限，要求他们尊重你。

回应2: 不要答应,不理会,当作对方叫的不是自己。

> **解析:** 你不认为那个绰号指的是自己,且没有给对方任何回应,会让对方的行为无效。

对　方: 你怎么这么蠢啊,真是个 ×××(脏话或恶评)。

回　应: 这种话很伤人,请你以后不要这样对我说话。我不会用这种话去说你,也请你不要用这种话说我,希望我们可以尊重对方,正常交流。

> **解析:** 划定边界,清晰地指出对方行为的不当之处,并提出期望的交流方式。

6.1.2　实现友善自信:反"拉帮结派共同排挤"

校园生活中,有的同学会通过拉帮结派来孤立你或排挤你,打击你的尊严和自信,让你觉得自己被排除在群体之外。

1. 常见情境

- 社交排挤:你可能发现自己被特定的社交圈子或小团体排除在外,这些小团体可能在课堂上、课外活动中甚至是社交媒体上孤立你。
- 传播谣言:有时候,个别同学可能会通过传播关于你的不实信息或负面评价来排挤你,损毁你的形象。
- 羞辱嘲笑:在某些极端情况下,某些小团体可能在公共场合或社交媒体上羞辱或嘲笑你,降低你在同学心中的地位。

2. 应对策略

面对同学之间的拉帮结派和排挤，你可以增强认知，培养韧性以保持自我价值感和积极的心态，尝试沟通以寻找解决问题的方法，也可以通过参加校外活动建立新的友谊，必要时寻求外部帮助。

- 增强认知：时刻提醒自己，自己的价值不取决于周围人是否接纳你。你可以有更多元的方式让自己获得价值感，例如通过发展个人兴趣、特长来增强自信心。
- 培养韧性：学会从排挤中恢复自信，保持积极乐观的态度，培养面对这类情况时的心理韧性，找到应对策略。
- 尝试沟通：如果可能，尝试与排挤你的同学沟通，了解问题的根源。有时候，误解或沟通不畅可能是你被排挤的原因。
- 参加校外活动：积极参与校外的各类活动，展示自己的积极面，打开眼界，认识更多人，在校外找到更多好朋友。
- 建立新的友谊：如果你之前的朋友孤立你，可以寻找有共同兴趣的新朋友，或者在校外寻找新朋友，构建自己新的社交圈。
- 寻求帮助：如果有需要，可以向老师、辅导员或家长寻求帮助，他们可以提供指导或者直接介入解决问题。

3. 典型话术

对　方： 我们几个这周末要一起去看电影，你就不用来了。

回　应： 我虽然平时不怎么和你们一起出去，但我也喜欢看那部电影。下次有活动，希望你们能考虑叫上我一起。

> **解析：** 包容对方，提出期望。

对　方： 你们知道吗，我听说×××（你的名字）竟然参与×××（某个负面的不实事件）。

回应1： 我跟你不熟，我的事你怎么知道得那么清楚，连细节都很清晰，就像是你在说自己身上发生的事一样。你不会也参与了吧？

> **解析：** 把对方对你的负面议论或流言蜚语反推给对方。

回应2： 我很好奇，你是听谁说的，让那个人出来说说呗。不会是你自创的吧？

> **解析：** 暗示对方在编造谎言。

对　方： （小组讨论中故意忽略你的意见，对你视而不见）

回　应： 我觉得我的想法也许能为大家提供另一种视角，我们可以试试看结合每个人的想法，可能会有不同的结果。

> **解析：** 积极提案，通过提供具体的建议和解决方案来重新引入自己的观点，帮助你重新获得话语权。

对　方： 我们人已经够了，你就不要再来凑热闹了。

回　应： 好的，如果下次有空缺或需要人手，希望你们能想到我，我很愿意参与。

> **解析：** 表达自己有参与的愿望，即使当前被排除在外，也要保持开放和积极的态度，为将来创造可能性。

6.1.3　鼓起勇气拒绝：反"被欺压逼迫占便宜"

校园中，虽然乐于助人是好事，但某些同学可能会认为你帮助他 / 她是理所当然的，于是频繁无理地请求你的帮助。有时候就算你不愿帮忙，也难以拒绝，这类同学看出你不懂拒绝后，可能变本加厉地压榨你，占你便宜。

1. 常见情境

- 频繁帮助：某些同学经常以学习困难、时间紧迫等为理由，请求你帮助他 / 她完成作业或准备考试等。
- 缺乏勇气拒绝：在一次次的请求和帮助中，性格内向的你没有学会如何有效地拒绝，缺乏表达个人界限的勇气，担心拒绝会伤害对方或影响人际关系。
- 感觉到被压榨：有时你即使内心不愿意，但表面上还是答应了对方的请求，随着时间的积累，你感到越来越多地被压榨，甚至影响到自己的学习和生活。

2. 应对策略

性格较内向的同学在面对他人请求帮助时，常常没有拒绝的勇气，可能心里并不愿意帮忙，但还是答应了。面对这种情况，要学会拒绝，明确自己时间和精力的分配原则，逐步练习拒绝，有些时候可以帮同学寻找替代方案。

- 学会拒绝：拒绝也是一种正当的社交技巧，要增强自己的社交自信心，面对自己不愿提供帮助的请求时，礼貌而坚定地拒绝。
- 明确原则：你的时间和精力是有限的，明确自己愿意做什么，不愿意做什么，并在此基础上设定原则。

- 练习拒绝：从小事开始练习拒绝，例如当别人请求你帮个小忙的时候，可以说："我现在需要集中时间在自己的学习上，可能没办法帮你，等我有空的时候再说。"
- 寻找替代方案：如果可能，可以给请求帮助的同学提供解决方案，如推荐相关的学习资源或建议他／她寻求别人的帮助。

3. 典型话术

对　方： 你能不能把你的作业借给我抄一下？我这次真的赶不出来了！

回　应： 我了解你现在的困难，不过直接抄我的作业对你的学习不会有帮助。我建议你复习一下这章内容，或者我可以把我梳理的知识重点发给你，这样你既能快速掌握知识，又能独立完成作业。

> **解析：** 鼓励同学通过学习完成作业，而不是通过抄袭走捷径，这样可以帮助同学进步，同时避免自己陷入不断被索取的局面。

对　方： 你的笔记总结得真好，借我用用吧，我复习得还没你顺利呢！

回　应： 谢谢你的夸奖！我的笔记我自己还要用，我用完之后可以分享给你看看。不过我建议你也做一份笔记，这样复习效果会更好，而且方便自己随时取用。

> **解析：** 委婉延后帮忙，鼓励对方自己动手。

对　方： 我最近真的超忙，做作业遇到了一道难题，你能帮我解一下这道题吗？

回　应： 我能理解你很忙，不过不好意思，我也有我的任务要完成。我可以告诉你一个网站，那上面有很多疑难问题解析，应该可以帮到你。

> **解析：** 把直接帮忙转化为提供解决方案。

对　方： 这部分我不太懂，你来做吧，答辩展示成果的时候我来说。（研发或论文合作项目）

回　应： 我觉得答辩展示成果的时候，是谁实际做了哪部分内容，就由谁来讲，这样解释起来更准确。你如果想讲这部分，那就你来做。

> **解析：** 强调付出和成果展示必须对等，保证公平。

6.1.4　活出我的精彩：反"嫉妒导致冷言冷语"

作为学生，在学习成绩或家庭背景方面拥有某些优势时，可能会引起一部分同学的嫉妒或不满，表现为被冷嘲热讽或冷言冷语，他们企图通过这种方式来异化或孤立你。

1. 常见情境

● 被嫉妒：个别同学因为学习成绩优异而成为同学中的焦点，某些同学可能因此感到嫉妒；在学校活动、日常交往中，个别同学因为家庭经济条件较好而无意中展现出的生活方式差异，可能引起某些同学的嫉妒或误解。

● 遭遇冷嘲热讽：某些同学可能通过言语挖苦、背后议论或是在社交媒体上发表负面评论来表达他们对个别同学的不满或嫉妒。

2. 应对策略

面对同学的嫉妒或冷言冷语，最好避免直接反击，而是传递真诚、善良，要保持清晰的自我认知，保持言行低调，尽可能融入集体、多交朋友，让更多人全面了解自己，必要时可以主动示弱。

- 避免直接反击：面对挖苦或讽刺，直接反击不仅无法解决问题，而且可能会加剧冲突，要尽可能避免直接反击。
- 传递真诚、善良：试着从对方的视角，设身处地为他/她着想，用善意去感化对方。你的善良、真诚和包容会彰显你是正义的一方，而对方很"邪恶"，有可能会令其反思，从而消除对方对你的敌意。
- 保持清晰的自我认知：别人嫉妒你，说明你优秀，首先要肯定自己。不好的言行不能定义你的价值，你要保持自信，专注于自己的目标和成长，而不是别人的看法。
- 保持言行低调：在有可能会展示个人学习成绩或家庭条件的时候保持谦逊和低调，避免无意中激起别人的嫉妒心理。
- 尽力融入集体：通过参与课外或集体活动，多交朋友，让周围同学更了解你，有助于改善你与同学的关系。
- 尝试主动示弱：不要介意偶尔出丑，不要刻意避讳或隐瞒自己的缺点，有时候可以根据需要主动示弱。

3. 典型话术

对　方： 看，又是×××得了满分，他又被老师表扬了，肯定整天没别的事，只知道读书，就是个"书呆子"。

回　应： 我确实花了不少时间在学习上，我喜欢读书，也享受学习带来的乐趣。我记得你乒乓球打得不错，去年还拿过学校冠军。最近有没有比赛？我去给你加油。

> **解析：** 以德报怨，转移焦点，承认自己的努力和兴趣，然后转移话题到对方身上，可以减少对方的攻击性，并可能引出对方的兴趣或正面话题。

对　方： 你不就是靠父母吗？如果我的家庭条件跟你一样，我肯定也能……

回　应： 你见过每天早晨的日出吗？家庭并不能解决一切问题，我的成绩是我努力换来的。你做不到没有人会嘲笑你，我做到了也不希望有人来挖苦我。

> **解析：** 强调个人努力，直接表达希望对方不要再"酸"你。

对　方： 哦，这次活动肯定又是你来当主角了，毕竟你有的是资源。

回　应： 我知道自己很幸运能有这些资源，我也希望能分享资源来帮助大家。如果你有需要，我很乐意帮忙，这样我们都能从中受益。

> **解析：** 表达你愿意分享个人资源，这可以减轻同学对你的敌意，并可能使你在同学中的形象变得更加积极和友好。

对　方： 你参加这个活动我们就退出，反正你那么厉害，什么都能搞定，不需要我们。（因嫉妒产生排挤）

回　应： 我真的很希望能和大家一起合作，每个人都有独到的地方，我在××方面有不足，希望向你们学习。尤其是你，在××方面很优秀，希望我们可以互相帮助，共同进步。

> **解析：** 主动示弱，展现出包容、开放、合作的姿态，希望大家共同成长。

6.2 师生之间

大多数老师都会对学生给予关爱和鼓励，但也有个别老师对学生过分苛责，给学生施加过度的学习压力；有个别老师对学生实施语言暴力，全盘否定学生；有个别导师把学生当成工具，不顾及学生的学业和付出，窃取学生的劳动成果。

6.2.1 把握学习节奏：反"被老师苛刻要求"

校园中，有的老师会对学生有过高的期望和苛刻的要求，通过给学生制造较大的学习压力，打乱学生的学习节奏，他们对学生抱有不切实际的期望，让学生变得自我否定，从而把更多的时间和精力用在学习上，这样他们就能达到提升班级平均成绩的目的。

1. 常见情境

- 苛刻要求：有的老师为学生设定了高难度的学习目标，即便学生已尽力，也难以满足这些要求。

- 过高期望：有的老师期望所有学生都能在短时间内取得显著进步，忽视了学生的个体差异和实际能力。

- 拔苗助长：为了追求短期内的成绩提升，有的老师采取了加速教学的方式，导致学生无法跟上学习节奏，感到焦虑和沮丧。

- 忽视情感：在追求学习成绩的过程中，有的老师忽视学生的情感状态和心理压力，使学生感受不到来自老师的温暖。

2. 应对策略

面对老师的苛刻要求和过高期望，自己要理性看待，可以先尝试一对一与老师沟通，再尝试联合同学多对一与老师沟通，最后尝试请家长出面与老师沟通，以此解决问题。此外，可以为自己设定学习目标和时间管理计划，安排属于自己的学习节奏。

- 理性看待期望：不要与老师直接对抗，也不要消极对待或与老师起冲突。要知道，老师对你有比较高的期望是好事，但给你比较大的压力，或许在方式和方法上有问题。
- 尝试沟通解决：尝试与老师沟通，表达自己的感受和遇到的困难，找到自己可以接受的学习目标和节奏，寻找更加合理的解决方案。
- 团结周围同学：与同样遇到困难的同学建立联系，互相支持和帮助。团体的力量可以帮助大家更好地应对压力，共同寻找解决方法。
- 寻求家长支持：必要时可以找家长反映当前情况，让家长出面帮助自己解决问题。
- 设定个人学习目标：根据自身能力和情况设定个人学习目标，而不是完全依赖老师的期望，这有助于形成自我驱动力和学习积极性。
- 设定学习计划：设定详细的学习计划，采用时间管理策略，帮助自己有效应对学习任务，减少压力和焦虑。

3. 典型话术

老　师： 你这次怎么只考了第二名，这不像你的风格，我希望下次你能恢复正常，回到第一名的位置。

回　应： 老师，我很感谢您看好我，但我确实尽力了。虽然这次没能考第一，但我学到了很多东西，我会继续努力，也希望能在学习方法上得到您更多的指导。

> **解析：** 首先肯定老师的期望，表明自己的努力和收获，然后礼貌地请求老师提供更多的学习方法支持，而不是只关注成绩排名。

老　师： 这个周末我需要你完成 ×××，下周一我要看到成果。

回　应： 老师，我理解 ××× 的重要性，但周末时间有限，完成这么多任务可能无法保证质量，是否可以调整一下？

> **解析：** 向老师表明时间限制和任务完成质量之间的冲突，提出调整请求。

老　师： 我真的很失望，你这次的成绩远不如上次，我知道你可以做得更好。

回　应： 老师，谢谢您的关心。每次考试的难度和内容都有所不同，我会反思这次的不足，争取在下次有所提升。

> **解析：** 成绩有波动很正常，表明自己会从反思中学习并努力提升。

老　师： 看看人家 ××，你应该向他／她学习，他／她才是真正的学习楷模。

回　应： 老师，我理解竞争可以激发潜力，我也希望学习有成效。但我们每个人的学习方式和节奏不同，找到适合自己的学习方式和节奏可能更有助于我快速成长。

> **解析：** 表达理解老师，强调尊重个体差异，提出构建更加平和和包容的学习环境的建议。

6.2.2 增强自信心：反"被老师全盘否定"

有的老师觉得持续否定学生能刺激学生的自尊心，但这种持续否定有时候也会成为一种语言暴力，影响学生的心理健康。

1. 常见情境

- 否定评价：有的老师在评价学生的学习成绩或表现时，频繁使用否定和批评的语言，忽略学生的努力和进步。
- 公开羞辱：在课堂上或公共场合中，有的老师用过激的言语羞辱学生，如质疑学生的能力，或将某学生与其他学生进行不恰当的比较。
- 消极预测：有的老师持续对学生表达消极的预测，暗示学生无法取得进步。
- 忽视感受：有的老师在使用否定评价时，忽视学生的情感反应和心理状态，缺乏同理心。

2. 应对策略

面对老师的否定态度和语言暴力，要肯定自己，建立健康的心理界限，积极应对老师的负面评价，提升自身抵抗能力，严重时记录具体情况并向上报告。

- 自我肯定：个人真实的价值和能力并不完全基于老师的评

价。保持对自己的积极肯定，记住自己的优点和成绩。

● 建立心理界限：学会在内心建立界限，区分哪些批评是建设性的，哪些是无益的。对于无益的批评，学会在心理上不予接受。

● 积极应对：找个适当的时机，尝试与老师沟通，表达其言语对你的影响。在一些情况下，老师可能并没有意识到其言行对你造成严重后果。

● 提升抵抗能力：通过参与辩论、演讲等活动，直面大家的意见，增强自己面对负面评价的能力。这有助于自己在面对否定时保持自信。

● 记录报告：如果老师的行为构成了明显的语言暴力，应该记录下具体情况并向家长或学校管理层报告，寻求正式的解决方案。

3. 典型话术

老　师： 这就是你的作业？看看这里，错误连篇。你是不是根本没有认真复习？

回　应： 老师，谢谢您的反馈。我确实花了很多时间在作业上，可能我还没有掌握吧。我能和您讨论一下这个问题吗，看看我该如何改进？

> **解析：** 寻求老师的具体指导和帮助，表明自己的改进意愿。

老　师： 如果你们都像他一样，那谁都别想考试及格。（当着全班同学的面羞辱你）

回　应： 老师，我理解您希望我和班上的同学做得更好，但您在大家面前这样说我，让我感到很尴尬，压力很大。我希望能在更

积极的环境中学习。（私下表达）

> **解析：** 向老师清晰地表达这种公开批评的直接影响，请求更正面和具有建设性的反馈方式。

老　师： 你看看你，这次又没做对，我真不知道你是怎么学的！

回　应： 老师，我每次都很认真，但您这样评价我，我感到很挫败。能不能请您给我一些鼓励，或者帮我找出错误原因，这样更能激发我的学习动力。

> **解析：** 请求老师提供更客观的反馈，包括正面的和具有建设性的评价，以帮助自己更好地了解进步的方向。

老　师： 你这个答案错得一塌糊涂，你是不是一点也不用心？

回　应： 老师，我确实投入了很多时间和努力，可能还没找到窍门。能否请您具体指导一下哪里做错了，以便我下次能改进？

> **解析：** 表明自己确实在努力，并请求老师提供具体的指导而非笼统的批评。

6.2.3　保卫劳动所得：反"被导师窃取成果"

在高校中，个别导师利用自己的强势地位，把自己带的学生当成员工，给学生安排大量的任务，让学生免费给自己的项目打工，影响学生的正常学业。极个别导师甚至窃取学生的研究成果，把这些成果占为己有。

1. 常见情境

- 安排不合理的工作任务：有的导师安排大量与自己项目相关的任务给学生，这些任务远远超出了学生的学习和研究范围。
- 缺乏报酬或学术认可：学生为导师的项目工作，却没有得到与付出相匹配的报酬或学术认可。
- 侵占学生成果：有的导师将学生的研究成果、创意或数据作为自己的学术成果发表，没有在其中给予学生应有的署名或认可。

2. 应对策略

面对个别导师可能存在的不当行为要保持警惕。在项目或任务开始之初，提前明确界定角色，必要时保留相关证据；出现问题时寻求校方解决问题，建立互助小组，必要时寻求外部帮助。

- 明确界定角色：在项目开始之初，与导师明确讨论并界定各自的角色、责任和期望，包括工作量、时间安排以及成果归属等。
- 保留相关证据：在执行导师安排的任务或提交研究成果时，保留相关的电子邮件、文档和通信记录，将其作为将来可能需要的证据。
- 寻求校方支持：利用学校提供的资源和渠道，获取关于如何处理这类问题的建议。熟悉关于学术道德和研究成果归属的规定，知道在遇到不公平待遇时该如何维权。
- 建立互助小组：集体的力量可能更有助于解决问题，可以与遭遇同样情况的同学联系，一起维权。

- 寻求外部帮助：如果利用学校内部的资源和途径无法解决问题，可以考虑寻求外部的法律和学术帮助，保护自己的研究成果。

3. 典型话术

导　师： 我需要你这周完成这些实验，下周给我整理好的数据，快点做，我们项目急用。（分配过多的研究任务，这些工作与你的学业不太相关）

回　应： 老师，我知道这些任务对项目很重要，我会努力完成。不过，我也希望有时间写论文，不然会影响我毕业。您能否调整一下任务分配，使其既能符合项目需求，又能有助于我顺利毕业？

> **解析：** 通过提出合理调整任务分配的请求，平衡导师的需求和自己的意愿，保护自身利益。

导　师： 这篇论文只署我的名，你做的工作虽然重要，但也是在我的指导下完成的。

回　应： 老师，感谢您的指导。这篇论文我投入了很大的精力，根据学术规范和公平原则，我的名字也应该列在作者之中。当然您的贡献大，我的署名顺序应该在您之后。

> **解析：** 明确表达自己的立场和学术贡献，要求公平处理学术成果的署名问题，有理有据地为自己争取权益。

导　师： 忘了告诉你了，我拿你的研究数据去申请这个项目了，这对我们实验室有好处。

回　应: 老师,我很高兴我的工作能为实验室带来益处。不过,使用我的研究数据申请项目前,我希望能事先知情,这不仅是对我的劳动的尊重,也能保障我的学术权益。

> **解析:** 提出正当要求,保护个人的研究成果和权益。

导　师: 你现在不需要做那个项目了,我这里有更重要的事情需要你来做。

回　应: 老师,我对我的研究项目充满热情,相信它对我的学术研究很重要。我愿意为实验室贡献力量,但也希望能继续做我的项目。是否可以给我一些自由时间,让我既能参与实验室的工作,同时也不放弃自己的研究?

> **解析:** 提出双赢的解决方案,使自己和导师的需求都得到满足。

第 7 章

反社交 PUA

社交中的 PUA 也随处可见。在日常生活中，总有人对你的生活指手画脚，总有人把你当成解决自己问题的工具，总有人不把自己当外人；在社交场合中，总有人逼你做你不想做的事，总有人借你显示自己的与众不同，总有人想利用你达成自己的目的；在商业消费中，总有人想方设法地从你身上赚取你原本不想花的钱。

7.1 日常生活

日常生活中，有的人会在不了解具体情况的前提下，莫名其妙地站出来指责你的行为或处世方法，例如教你如何做好父母；有的人会打着让你助人为乐的旗号，忽然来找你借钱；有的人会在不征得你同意的情况下，随意闯入你的生活。

7.1.1 "硬刚"指手画脚：反"别人教你如何做好父母"

身为父母，在与孩子教育相关的场合，你可能会遇到各种来自他人的意见和指责。这些人可能是学校老师、其他家长、邻居、朋友等，他们可能基于自己的观点和经验，对你的育儿方式提出批评或建议。

1. 常见情境

- 老人接送孩子：在一些家庭中，由于父母工作忙碌，可能需要依靠祖父母或外祖父母来接送孩子上下学，这种情况有时会被外人误解为父母不尽责。
- 教育方式不同：父母在教育孩子时采用的方法和策略可能与其他家长或老师不同，这可能会引发他们的批评或指责。
- 误解家庭情况：别人可能因为不了解你家庭的具体情况而对你的行为做出错误的判断，站在道德的制高点对你横加指责。

2. 应对策略

面对别人教你如何做好父母的情况，要保持冷静、礼貌，能解释则解释，解释不了就屏蔽评价，同时也要反思自己的育儿理念，适当参考对方的意见。

- 保持冷静、礼貌：面对他人的批评和指责，要保持冷静和礼貌的态度。虽然别人可能存在误解，或有指责他人、显摆自己的意味，但也的确可能带来对你有益的反馈。

- 解释情况：在适当的情况下，向提出批评的人解释自己的具体情况和采用这种育儿方式的理由。

- 屏蔽评价：沟通有助于消除误解，但确实并非所有的误解都能通过沟通得到解决。对于那些持续不断、基于错误理解的批评和指责，如果解释不通，可以远离提出这类评价的人，不看或不听这些人基于误解的评价。

- 反思理念：每个家庭的情况都是独特的，你应当根据自己的情况和信念做出育儿决策，而不过度受外界意见的影响。但这不代表你不需要接受善意的建议，应尝试反思自己的育儿理念，采取有益的方法。

3. 典型话术

对　方： 每次都看到你们家孩子是被老人接送的，现在的年轻人都不知道怎么做父母，怎么都这么忙，连孩子都顾不上了。不重视陪伴孩子成长的父母不算好父母，你们平常得多来接送孩子上下学呀。

回　应： 我很感谢您的关心。我们家孩子让老人接送，是老人强烈要求的，这样他们可以有更多和孩子相处的时间。每个家庭都有自己的安排，我们都在尽最大努力做好父母。你不了解别人家的具体情况，建议还是不要对别人妄加指责。

> **解析：** 正面解释原因，同时强调应该尊重每个家庭的选择。

对　方： 我总看到你家孩子一个人在外面玩，作为父母难道不应该陪伴在旁边吗？现在的父母都怎么了？

回　应： 谢谢您的关心，我们确实非常关注孩子的成长和安全，但我们同时也希望培养孩子的独立自主意识。我们会在确保安全的环境下，让孩子有适当的自由玩耍和探索的空间。每位家长都有自己的育儿理念，希望我们都能尊重彼此不同的看法。

> **解析：** 说明自己选择育儿方式的理由，提出希望彼此尊重，减少不必要的争论。

对　方： 你总是忙于工作，我之前都没见过你来参加家长会，孩子的教育和成长需要父母多参与啊。

回　应： 您说得对，父母的参与对孩子的教育和成长非常重要。我的工作恰好是在开家长会的时间段比较忙，不过我每周会集中一段时间给予孩子高质量的陪伴。我有自己的育儿方式，感谢您的理解和支持。

> **解析：** 强调自己通过其他方式参与孩子的教育和成长。

对　方： 孩子没考上好学校，就是因为父母没教好，因为家庭氛围不行，父母没有给孩子树立一个好榜样。

回　应： 听您的意思，孩子没考上好学校，就代表不优秀了？照这么说，现在的社会精英应该全部都来自好学校，事实是这样吗？我们家注重培养孩子的品格，而不是学习成绩。

> **解析：** 抓住对方假设前提的逻辑漏洞回应。

7.1.2 守护财产边界：反"别人声称救急找你借钱"

有的亲戚、朋友可能突然声称出于紧急情况找你借钱，让你处于一个尴尬和难以决断的位置。你不想借，但对方可能用道德绑架让你不得不借。

1. 常见情境

● 紧急借款：亲戚朋友可能会突然联系你，声称自己面临紧急情况，如医疗费用或意外事件花费等，需要你立即借钱。

● 大额借款：亲戚朋友请求的借款金额可能远超过你的预期，让你感到财务上存在压力。

● 缺乏保障：在请求借款时，借款人不想写借条或不想签借款合同，没有提供明确的还款保证。

● 情感压力：借款人可能会利用你们之间的关系来施加情感压力，让你难以拒绝。

2. 应对策略

面对紧急借款请求，要以保护自己的财产安全为第一要务，了解详细信息，明确评估状况，若准备借款，则务必要签署还款保障文书。若不想借款，则委婉拒绝，可以试着为对方寻找其他解决问题的途径，注意与对方保持距离。

● 了解详细信息：要求借款人提供具体情况的细节，以便你评估借款的合理性和紧迫性。

● 评估状况：在做出任何决定前，先评估自己的财务能力，确定自己是否在财务上有能力帮助别人。

● 签署还款保障文书：如果你决定借款，要明确借款金额、还款日期和方式，以书面的形式打规范的借条或者签订借款协议，以保护双方的权益。

- 委婉拒绝：如果你没有能力借款，或不愿意借款，委婉但坚定地拒绝。你可以解释自己的理由，但不必过度辩解。
- 寻找其他解决途径：如果你不能提供财务帮助，可以考虑提供其他形式的帮助，如提供信息、联系资源或其他可以帮得上忙的支持。
- 保持距离：在处理这类请求时，与对方保持一定的情感距离，避免因情感压力而做出自己日后可能后悔的决定。

3. 典型话术

对　方：我真急需用钱处理家里的突发情况，你能借给我 5 万元吗？我很快就还你。

回　应：我了解你现在的困难，真希望能帮到你。不过，我现在的存款只有不到 3000 元，我还要交房租，真没法帮你。或许你可以问问银行，我听说有短期借贷的业务。

> **解析：** 表达理解和同情，但也坦承自己的财务状况不允许，同时推荐可能的解决方案。

对　方：我这儿有个好项目，你借我 10 万元，一年后，我还你 20 万元。

回　应：这么好的项目我只在防诈骗的节目里面听说过，能不能跟我具体说说细节，我们一起来理性分析一下这是个机会还是个陷阱。

> **解析：** 了解细节，防止对方上当受骗。

对　方： 上次你借给我的钱再宽限我一段时间吧，我现在又急需一些钱，你能再帮帮我吗？

回　应： 我理解你的困难，但我也有困难，家里还等着用借给你的钱给孩子交学费呢。我建议你还是想想别的办法吧，这样对我们大家都好。而且以前欠我的钱，希望你能在 1 周后还给我，你已经拖了 3 个月了，别因为这个影响我们之间的感情。

> **解析：** 委婉拒绝，给对方设定还款期限。

7.1.3　维持耳根清净：反"别人随意打扰私人生活"

也许是因为每个人对社交边界的理解不同，也许是有的人没有意识到自己的行为带给别人的打扰，生活中，总会有人突破社交边界，随意打扰他人的私人生活。

1. 常见情境

- 频繁来访：没有预先通知就频繁来访，打乱你正常的生活、工作或休息时间。
- 过度好奇：对你的个人生活表现出过度的兴趣，经常询问私人问题，让你感到不舒服。
- 无视不悦：即使你表现出了不欢迎对方的信号，或者表现出了不悦，他们仍旧坚持自己的行为，不尊重你的私人界限。
- 空间入侵：未经允许就直接推门进入你家，或随意使用你的物品。

2. 应对策略

面对身边人对你的打扰，要找到平衡，通过友好方式告知界限、设立规则、保持一致来维护边界，可以尝试找到替代方案，或通过中间人联络。对于侵犯隐私的问题，可以礼貌地回绝。

- 友好告知界限：友好且明确地告诉那些打扰你的人，你在私人时间和空间希望得到尊重。

- 设立规则：可以事先设立规则，如访客需要预先通知，或只在特定的时间段接受拜访。

- 保持一致：一旦你设定了规则，就要坚持执行，避免让对方觉得你的规则可以打破。

- 找到替代方案：了解诉求，如果他们只是想找你聊天，可以换个双方都有空的时间。如果有急事，可以说明情况后再约定见面方式。

- 由中间人联络：如果觉得直接沟通已经对你构成打扰，可以找个共同的朋友作为中间人来帮忙传达彼此的感受和需求。

- 礼貌回绝：对于对方过度好奇的问题，用非冒犯性的方式拒绝打听。

3. 典型话术

对　方： 嘿，我正好在附近，想来看看你，聊聊天。（朋友没有预约直接来访）

回　应： 真的希望能见到你，不过我现在正好在忙一些事，可能不太方便聊天。我们回头再约个时间聊好吗？

> **解析：** 婉转表达当前时间不便接待，同时提出建议，既表现出友好，也保护了私人时间。

对　方： 我有些急事想找你帮忙，你现在有空吗？（某人频繁打扰）

回　应： 你遇到困难想要找人商量可以理解，但突如其来的访问让我很难安排时间。以后有事情是否可以先打个电话约个时间再见面？这样我也能更好地准备以帮你解决问题。

> **解析：** 提出预约要求，同时也显示你是愿意帮忙的。

对　方： 你怎么总是一个人待着，来，我陪你一起，这样你就不孤单了。

回　应： 我真的很感谢你这么想陪伴我，不过我有时候也需要一个安静的环境，需要一些个人时间来整理思绪和处理自己的事情。现在是我的个人时间，如果你没有重要的事的话，我们可以换个时间再聚。

> **解析：** 清晰地表达出需要个人空间的理由，并提出合理的聚会安排，既保留了个人时间，也顾及了友谊的维护。

对　方： 我看你车在家，想你应该在家，就想来找你玩会儿。（邻居常在你休息或忙碌时按响门铃）

回　应： 嗯，我确实在家，不过有时候我可能在休息或有紧急的工作要做，比如现在我就因为加班在补觉。你如果能先发个消息再来就太好了。

> **解析：** 建议对方先行确认自己是否方便，尊重彼此的时间和空间自由，减少尴尬或不便。

7.2 社交

在社交场合，有人会以各种理由劝你喝酒，即使你已经申明自己不喝酒或只想少量饮酒；有人会在你面前炫富显摆，把你当成感受自己优越感的对象；为了促成签约，达成交易，有人会把你"捧上天"。

7.2.1 坚持自身原则：反"别人借感情或面子劝酒"

在社交场合，劝酒有时候是一种服从性测试，有的人会借着强势地位逼你喝酒，有的人会借着感情或面子劝你喝酒，有的人会用传统习俗当挡箭牌说服你喝酒。对于不愿意喝酒的人来说，采取正确的处理方式，可以躲过那些被劝着必须要喝的酒。

1. 常见情境

- 强调情感关系：有人会借着彼此长久认识的情感关系让你喝酒。
- 利用集体氛围：团体聚会时，某些人可能会借着集体氛围的压力，劝你喝酒。
- 利用强势地位、以给面子为由：有人利用自己的强势地位，以不喝就是不给面子为理由逼你喝酒。
- 利用挑战或嘲讽方式：有人可能会利用挑战或嘲讽的方式劝酒，如"这点酒都喝不了，你还算男人吗？"

2. 应对策略

面对社交场合的劝酒压力，可以提前说明情况，在有人劝你喝酒时尝试转移话题，委婉地拒绝，或者试试寻找替代方案，寻求周围人的支持，必要时适时离场，平时也要多向周围人倡导健康饮酒文化。

- 提前说明：聚会开始时或被劝酒前，向在场的人明确你不饮酒或限量饮酒。
- 转移话题：遇到劝酒时，尝试转移话题，用幽默或其他有趣的事情分散劝酒人的注意力。
- 委婉拒绝：礼貌但坚定地拒绝，可以为自己找个理由，例如酒精过敏，正在吃药，要开车，一会儿有事情，在备孕，身体不适，在减肥，家人不准，等等。
- 寻找替代方案：向劝酒的人提出替代方案，如提议一起喝无酒精饮料或水。
- 寻求支持：在聚会中寻找理解你的人并靠近他们，他们可以在你被劝酒时提供支持。
- 适时离场：如果压力过大，考虑适时离开聚会，以避免不断被劝酒的尴尬场面。
- 倡导健康文化：平时多向周围人解释你不饮酒的理由并倡导健康饮酒文化，促进他们对你的理解和尊重。

3. 典型话术

对　方： 来，这杯酒我敬你，为了项目的成功，我们一起干了这杯！
（上级敬你酒）

回　应： 感谢您的敬酒，应该我敬您的，不过我今天感冒吃头孢了。这杯我就用茶代替酒，和您一起为项目干杯吧！

> **解析：** 以茶代替酒，既表达了诚意，也保护了自己。

对　方： 今天是大喜的日子，你怎么能不喝呢？再来一杯！（朋友婚礼上，新郎的朋友围着你不停地劝酒）

回　应： 今天确实是个值得庆祝的日子，我已经喝了几杯了，真的很高兴今天能参与到这样的喜庆之中。但我再喝的话，身体的老毛病又要犯了。不如这样，我们一起拍个照，留下这美好的时刻，让我们永远记住这一天。

> **解析：** 承认这是个值得喝酒的场合，但巧妙地提出自己已经达到极限，转移到拍照留念话题，既不失礼，也保护了自己。

对　方： 看你杯子空了，来，我给你加满！（主人为了显示热情，不断给你的杯子里倒酒）

回　应： 您真是太热情了，太好客了。不过我最近跟老婆在备孕，美酒我今天就品这么多，接下来我就主要享受美食吧。你们喝，你们喝。

> **解析：** 赞赏主人的热情，并婉转表示自己不能再喝了，用美食转移话题。

对　方： 这是你第一次参加我们部门的聚会，不喝几杯怎么行？不喝就是不给我面子啊！

回　应： 我非常重视这次聚会，也很想跟大家好好相处。不过我酒精过敏，喝多了要进医院的，到那时不是反而扫了大家的兴致吗？这样，我敬大家一杯茶！

> **解析：** 找个理由礼貌拒绝，避免尴尬场面。

7.2.2　丢掉贪慕虚荣：反"别人在聚会上炫富显摆"

聚会上，常有一些人喜欢炫富显摆，彰显自己的殷实家境，显示自己仿佛高人一等的地位，从而为自己争取更多的话语权和控制权。

1. 常见情境

- 炫耀财物：有人可能会大谈特谈自己最近购买的昂贵饰品、高端汽车、豪宅等，或显示自己的豪华度假经历。
- 故意比较：某些人可能会故意不断地将自己的财富和生活方式与他人的进行比较，试图展示自己的优越感。
- 展示照片或视频：在聚会上，有人会找理由拿出手机或平板电脑展示体现自己奢华生活方式的照片或视频。
- 间接炫耀：有人会通过谈论自己参加过比较高端的活动、受邀出席过高级场所或认识某个名人等方式间接炫富。

2. 应对策略

面对社交场合中的炫富显摆行为，尽可能保持中立，可以转移话题，试着巧妙回避，避免比较，也可以与在场的其他人谈话，实在不行就离场。别人的不当行为也可以用来自我反思。

- 保持中立：面对炫富行为，如果对方没有侵犯到你，可以保持冷静和中立的态度，不必过度反应或表现出明显的不悦。
- 转移话题：如果可能，温和地将话题转移到更加合理和大家都感兴趣的方面，避免让聚会气氛变得尴尬或不舒服。
- 巧妙回避：如果某人的炫富行为开始侵犯到你，可以礼貌地表示你对这个话题不感兴趣，或直接提出希望讨论其他内容。
- 避免比较：每个人的价值不在于拥有物质的多少，避免被卷入与别人任何形式的比较。
- 与其他人谈话：如果可能，寻找那些对炫富行为同样感到不舒服的人，进行一些更有意义的交流。

- 考虑离场：如果炫富行为让你感到极度不适，考虑找个借口离开聚会。适时离场是一种自我保护的方式。
- 自我反思：别人的行为可以是自己的一面镜子。面对炫富行为，也可以反思自己的价值观和生活选择，思考什么对你来说是最重要的，以及如何根据自己的价值观生活。

3. 典型话术

对　方： 你们看我最近买的这只手表，是限量版的哦，花了好几万呢！上个月我还去了法国，全程住的五星级酒店……

回　应： 哇，听起来你最近过得挺精彩的！我最近也发现了一些不错的远离城市喧嚣的休闲去处，虽然不如你去的地方豪华，但空气、环境都特别好，挺让人放松的。

> **解析：** 承认对方的奢华生活，同时巧妙地将话题转移到更加平常且能让所有人都能参与的方面，减少炫富带来的尴尬。

对　方： 你们不知道，我最近投资的那个项目，现在已经翻好几倍了，给公司赚了不少钱，我也跟着赚大发了！（公司年会上某位同事在显摆业绩）

回　应： 你的业务能力太强了，我也很好奇这方面的知识，你有时间能教教我吗？

> **解析：** 尊重对方的专业性，同时引导对方分享知识而不是单纯地炫富，这样既能维护对方的面子，也避免了尴尬。

对　方： 我们家小明这次考试又考了年级第一，而且我们刚换了大房子，小区的环境和周边的配套都非常好……（家庭聚会中亲戚的炫耀）

回　应： 真不错，小明一直都很优秀！我们家孩子在学习上一直不得法，让小明给我们分享一下他的学习心得呗。

> **解析：** 面对多种炫耀，赞美自己想探讨或学习的那一方面，鼓励分享，这不仅避免了直接对抗炫富的尴尬，还能增进了解，有一定益处。

7.2.3　保持清醒理智：反"别人过分抬举让你签约"

在商务社交场合中，有的人可能会过分抬举你，通过过度赞美你，让你自我感觉良好，引导你签约，从而达成对他们有利的合作。

1. 常见情境

- 过度赞美：社交聚会中，有人可能会不断地赞美你的外形、才华、成就或潜力，试图通过抬举使你感到荣耀和满足。
- 快速推进：赞美后，他们可能会迅速转向讨论合作机会，强调这是一个难得的机会，并急于让你签署协议或合同。
- 避免提供详细信息：在劝说你签约时，他们可能会故意避免提供详细的合同内容、权益保障、责任分配等关键信息。
- 施加压力：他们会利用在社交场合建立的良好气氛和关系对你施加情感压力，暗示拒绝会伤害双方的关系或错过大好机会。

2. 应对策略

面对在社交场合中过分抬举并劝说你签约的情况，要保持警觉，索要详细资料，寻求专业意见，注意避免急躁地做出即时决定，试图建立长远利益，有时可以明确表达拒绝来有效避免潜在风险和不利后果。

- 保持警觉：对过度的赞美和快速推进的合作保持理性、警觉和谨慎的态度。真正的商业合作要建立在相互理解和详细考察的基础上。
- 索要资料：在考虑合作或签约前，一定要求对方提供完整的项目资料、合同草案等，以便进行详细评估。
- 寻求专业意见：在签署任何协议前，寻求律师或行业专家的意见。专业的第三方可以提供客观的评估和意见。
- 避免急躁：避免在社交场合或压力下做出重要的决策，给自己留足时间考虑。
- 建立长远利益：在任何合作中都要考虑其对自己的长远影响，而不是短期利益。
- 明确表达拒绝：如果你对提议不感兴趣或发现有潜在的问题，明确且礼貌地拒绝。你无须为不接受不适合自己的机会感到内疚。

3. 典型话术

对　方： 我们公司要是有你这样精明能干又有头脑的人才，估计不出3年就能做到行业第一了。咱们之间的合作可是千载难逢的机会呀，赶快签约吧！

回　应： 感谢你的信任，不过我习惯在做任何合作决定前详细研究所有细节，如果你能提供更多的合作相关资料，我很乐意仔细评估后再做决定。

解析： 明确表示需要更多信息进行评估，既保持礼貌又保护自己不被冲动想法误导。

对　方： 我们公司这个新的投资项目利润极高。你这么有能力，我们合作，一定能一起赚大钱，来，签个字吧！

回　应： 感谢您的信任。这个项目框架看起来不错，但我需要先了解所有风险，同时咨询我的财务顾问和法律顾问，这样才能做出最合适的决策。我们能安排一次详细的讨论会吗？

> **解析：** 表达要慎重考虑，强调需要进行全面的风险评估和专业咨询，这不仅显示了你的专业性，也为你赢得了决策的时间。

对　方： 你这么优秀，能力这么强……加入我们的协会，对你的职业发展只有好处，没有坏处，所有重要的资源和信息都在这里，不加入你会后悔的！

回　应： 这听起来是个不错的机会，谢谢你的推荐。我对加入专业协会确实感兴趣，不过我希望能自己先了解一下咱们这个协会的具体情况。可以在我了解清楚之后，再继续讨论这个话题吗？

> **解析：** 对邀请表示感兴趣，同时表明要了解清楚，确保不在不完全了解的情况下做出决定。

7.3 商业消费

在商业消费领域，有人会利用你在健康、安全、财富、地位、知识等方面的焦虑让你付费；有人会利用人性的贪婪，向你介绍一夜暴富的机会；有人会对你实施各种推销手段，让你买下你原本不需要的商品。

7.3.1 遵循发展需要: 反"别人用焦虑让你付费"

有时候,你不是为产品或服务而付费,而是为缓解你的焦虑而付费。某些人或机构会通过过度夸大某种风险、散播不实信息或利用你对未知的恐惧,刺激你的焦虑感来促使你付费,让你消费那些你可能根本不需要的产品或服务。

1. 常见情境

- 健康焦虑:某些产品或服务声称能预防罕见疾病,实际上这些疾病的出现概率非常低。
- 安全焦虑:某些人可能宣称某方面的不安全,借此推销某种产品或服务。
- 财富焦虑:某些人或机构可能通过强调外部环境的不稳定性,促使人们购买不必要的理财产品。
- 地位焦虑:某些品牌或服务可能利用人们对于社会地位或被认可的渴望,推销高价商品。
- 知识焦虑:某些人或机构可能通过夸大知识需求,诱导人们买书或买课。当这种方式用在孩子身上时,效果更明显。

2. 应对策略

面对通过引发焦虑情绪让你付费的情境,要理性客观地进行需求评估和信息核实,可以寻求周围人的意见,不需要时直接拒绝,定期反思自己的行为,提高自己的心理韧性。

- 需求评估:基于自己或家庭的实际情况和需求进行理性评估,而不是基于恐惧或焦虑情绪做出决定。可以思考:这真的是你需要的吗?对你的发展有益吗?某些课程内容全面系统吗？你是真能学到有用的知识，还是纯粹听个乐呵？

● 信息核实：面对可能引起焦虑情绪的信息，首先进行核实。利用可靠的信息来源，如官方机构或专业组织的信息，评估信息的真实性。

● 寻求意见：在做出重要的消费决定前，可以寻求别人的意见，特别是来自信任的朋友、家人或专业人士的意见。

● 直接拒绝：礼貌而坚定地拒绝不必要的服务或产品，无需为拒绝感到内疚。

● 定期反思：定期评估自己的消费动机和决策过程，判断自己是否被不必要的焦虑情绪驱动。

● 心理韧性：增强自己对焦虑情绪的管理能力，降低被外部信息轻易操纵的可能性。

3. 典型话术

对　方： 如果你现在不关心自己的身体健康，以后花的医药费会更高，这款保健食品可以帮助你预防各种疾病，省下一大笔医疗费！

回　应： 我当然明白健康很重要，也感谢你的建议。不过，我更倾向于通过日常饮食和定期运动来维护健康。至于要不要买这款产品，我会在问过家人和医生之后再做决定。

> **解析：** 表达自己需要求证。

对　方： 在这个竞争激烈的职场中，如果你不提升自己，很快就会被淘汰。我们的课程可以帮助你保持职场竞争力，今天是最后一天特价，机会难得，错过就没有了。

回　应： 确实，终身学习非常重要。我对提升自己的技能很感兴趣，但我通常会先自行评估课程内容与提升技能之间的相关性和课程的实用性。可不可以发我一份课程内容清单，再发几个试听片段让我体验一下呢？

> **解析：** 要求获得更多课程信息和试听体验，确保课程质量和实际效用，防止盲目跟风。

对　方： 您看，这款车的安全系统是市面上最先进的。（展示车辆相撞后的对比视频）您看别的车相撞后驾驶员的损伤，再看看我们这款车的。生命比什么都重要，买我们这款车，是对您安全最好的保障。

回　应： 安全确实是购车时需要考虑的重要因素，我很认可咱们产品的安全性。但我很少上高速公路，安全性并不是我唯一考虑的因素，我还需要综合考虑很多其他因素。等我综合比较完几款车之后，再做决定。

> **解析：** 理性比较，指出需要进行更广泛的比较评估。

7.3.2　警惕贪婪圈套：反"别人介绍的投资机会"

很多骗子习惯利用人们对于高收入和高回报的渴望，通过承诺高额回报、制造紧迫氛围、模糊项目细节和施加社交关系等各类手段诱导他人投资，最终骗取资金。

1. 常见情境

● 承诺高额回报：通常承诺异常高的回报率，声称几乎没有风险。

- 制造紧迫氛围：设置虚假的限时优惠，制造紧迫感，迫使人们在没有充分考虑的情况下做出决策。

- 模糊项目细节：投资项目缺乏透明度，对于如何运作、资金如何使用等关键信息含糊其词或回避不答。

- 利用社交关系：通过朋友、家人或信任的社交圈子成员来推荐这些投资项目，给人一种更可信的错觉。

2. 应对策略

遇到可疑的投资机会，要谨慎地做背景调查，进行专业咨询，避免压力决策，时刻保持警惕，有效地避免被骗的风险，保护个人的财产安全。一旦发现诈骗行为，第一时间报警。

- 进行背景调查：面对任何投资机会，首先进行独立的背景调查，查阅相关的官方资料、新闻报道，确认公司和项目的合法性。

- 咨询专业人士：记住一条基本原则——高回报通常伴随高风险。任何声称"无风险"而提供高额回报的投资都应该引起警觉。在做出任何投资决定前，咨询专业人士的意见。

- 避免压力决策：对于任何需要你"立即决定"的投资机会保持怀疑态度，优质的投资机会不会因为你多问了几个专业人士就消失。

- 时刻保持警惕：即使是朋友或家人推荐的投资项目，也不要轻信，要调查和评估。有时候，他们自己可能也是不知情的受影响者。

- 及时报警：一旦发现某人是骗子，立即报警，同时向周围的人发出警告，避免更多人受骗。

3. 典型话术

对　方： 这个新的投资项目只需要小额投入，一个月的回报率就高达50%！只剩下 3 个名额了，快加入我们吧，机会难得！

回　应：（直接报警。）

> **解析：** 无缘无故不请自来，年化收益率超过 20% 的投资项目，几乎可以肯定是诈骗项目。

对　方： 这个产品是我一个可靠的朋友推荐的，大家都在投资，已经有人赚了不少钱了！（家庭聚会中，一个亲戚推荐）

回　应： 真的吗？看来你们做得不错。不过我属于保守型的投资者，对金融投资有自己的一套原则，也有一些自己的理解，我喜欢亲自验证所有的信息和背景。请你分享一些产品详情和运作机制，我需要仔细研究评估一下。

> **解析：** 强调有自己的投资原则和验证过程，要求提供完整的产品信息以进行评估，保持礼貌的同时防止被影响。

对　方： 我们的模式是全新的，加入我们，你将在短时间内获得巨大回报，保证盈利，现在已经有很多人投资了，只剩下 20 万元的投资额度了，满了就没法参与了。

回　应： 对不起，我不相信快速致富，而且这么好的项目，估计也不差我这 20 万元。你们那个商业模式我看不懂，也不了解，就不参与了。

> **解析：** 对看不懂的模式保持谨慎，不妨直接拒绝。

7.3.3 独立决策消费：反"别人推荐的产品服务"

在生活中，你可能会遇到各种推销产品或服务的情境，推销人员为了将产品或服务卖出去，可能无所不用其极，让你为本来不需要的产品或服务付费。

1. 常见情境

- 试吃试用：在面对面的推销中，推销人员让你试吃或试用其产品或服务，你一旦接受试吃或试用，听取了推销人员的介绍，就不好意思不买了。

- 电话营销：推销电话介绍的各种产品或服务通常会有优惠和限时折扣。这种电话通常不给你机会回绝，你全程只能听推销人员的介绍。

- 熟人推荐：朋友或家人可能会向你推荐他们使用并满意的产品或服务，也可能是他们加入了某个产品直销队伍中，推荐的目的是赚取佣金。

2. 应对策略

面对推销，可以礼貌拒绝；对于侵犯性比较强的推销，可以坚定回绝。推销的产品或服务不一定都是不好的，但要想好再买。不想被打扰的话，可以提前设置好隐私保护。

- 礼貌拒绝：如果你对推销的产品或服务不感兴趣，可以礼貌地拒绝。通常简单明了地回答"谢谢，我不感兴趣"就足够了。

- 坚定回绝：对于一些强行推销的人，可以采取更坚决的方式回绝。不要碍于面子，如果对方先不礼貌，你也不需要顾及礼貌。例如，有人觉得直接挂断推销人员的电话不礼貌，但对方在未经允许的情况下给你打电话，且完全不给你回绝的机会，或在你回绝后仍坚持介绍产品，这种行为也不礼貌。

- 想好再买：不要因为限时优惠就立即做出购买决定，可以想一想再做决定，好产品或好服务不会因为你多考虑一会儿就消失。对于来自熟人的推荐，要考虑其真实意图和产品适用性。

- 设置隐私保护：对于电话营销，可以设置来电过滤；对于社交媒体营销，可以将推销者加入黑名单、开启好友验证。尽可能避免个人信息泄露，设置隐私保护，屏蔽推销干扰。

3. 典型话术

对　方：这款护肤品是我们最新研发的，对皮肤有非常好的保湿和抗衰老效果，很多顾客反馈效果显著，您看要不要试一试？（商场内）

回　应：听起来这款产品确实不错，感谢你的介绍。不过，我通常对更换护肤品比较谨慎，我现在用的这款产品挺适合我的，可能暂时还不需要更换，谢谢。

> **解析：**表示尊重，表达感谢，同时礼貌地表达了暂无购买的意向。

对　方：我们这款新的保险服务覆盖面广，价格合理，特别适合像您这样的家庭。现在入手还有额外折扣哦！（电话营销）

回　应：我理解这款保险服务的好处，也感谢您给我打电话介绍。不过，我现在购买的保险已经覆盖得很全面了，短期内可能不需要新增保险服务，有需求时我会联系您的。

> **解析：** 礼貌地拒绝，给对方一个将来可能联系的开放性回复。

对　方： 这款健康设备使用最先进的技术，可以显著改善您的健康状况。我们现在有特别优惠，来试用一下吧！（某展览会上）

回　应： 听起来挺好的，不过我不会在没有充分了解的情况下购买这类产品。一会儿我试用完后，希望你能给我发一份更详细的产品介绍，我会在了解清楚之后再决定是否购买。

> **解析：** 提前说明自己试用后不会购买，提出合理请求，同时也表示尊重。

结语：
最过不去的那道坎，常常是自己

　　抱着善意去敲门，开门迎接你的也会是善意。

　　应对 PUA、走出 PUA 的关键不在别人，而在自己。你只需要走好自己的路，翻过自己的山，蹚过自己的河。

　　越软弱，越会被欺负。

　　让自己跑起来，风就来了；自行车骑起来，就不容易倒了。

　　感受自己，了解自己，然后治愈自己，超越自己。

　　海有彼岸，路有回转，当你觉得苦涩难耐，要笃信接下来总有回甘。

　　你不需要满足任何人的期望，你只需要活出自己。

　　永远爱自己，永远爱这个世界，坚信未来的一切会变得更美好，这就是一切幸福的答案。

　　记住，就像我一开始说的：**有些温柔，来自你的强大。**